JN084009

2019 年改訂指導要録対応
シリーズ 学びを変える新しい学習評価

文例編

新しい学びに向けた 新指導要録・通知表 〈小学校〉

［編集代表］
田中耕治

［編 著］
岸田蘭子

ぎょうせい

シリーズ刊行にあたって

　2017年3月の学習指導要領改訂を受け、2019年1月に「児童生徒の学習評価の在り方について（報告）」が公表され、3月に「小学校、中学校、高等学校及び特別支援学校等における児童生徒の学習評価及び指導要録の改善等について（通知)」が発出されました。

　今回の新しい学習評価の考え方や新指導要録の通知においては、新学習指導要領が求める「資質・能力」の育成、「主体的・対話的で深い学び」、各教科等の目標や「見方・考え方」など、実践を行うにあたって深い理解を必要とするキー・テーマが内蔵されており、まさにこれらの深い理解が、これからの授業づくりや評価活動にとって、必要不可欠な条件となっています。

　そこで、本企画では、これらのキー・テーマに関する、気鋭の研究者と実践家を総結集して、「学びを変える新しい学習評価」に向けての総合的な理解を図り、具体的な実践の手立てを提供することを目指そうとするものです。本シリーズの5巻は以下のように構成しました。

理論・実践編1　**資質・能力の育成と新しい学習評価**　➡ ［新しい学習評価がわかる・深く学べる巻］
理論・実践編2　**各教科等の学びと新しい学習評価**　➡ ［各教科・領域の指導と評価を創る巻］
理論・実践編3　**評価と授業をつなぐ手法と実践**　➡ ［評価を実践する巻］
文例編　**新しい学びに向けた新指導要録・通知表〈小学校〉**　➡ ［評価を伝える・記録する巻］
文例編　**新しい学びに向けた新指導要録・通知表〈中学校〉**　➡ ［評価を伝える・記録する巻］

　読者は、関心のある巻から、また興味を惹く章から読み始めていただければ、新しい学習評価を踏まえた豊かな授業づくりのヒントをたくさん得ることができるでしょう。

　最後になりましたが、ご多用、ご多忙な中で、執筆を快くお引き受けいただき、玉稿をお寄せいただきました執筆者の皆様に、心から御礼申し上げます。また、「評価の時代」にふさわしく、全5巻のシリーズ本を企画していただきました株式会社「ぎょうせい」様と、編集担当の萩原和夫様、西條美津紀様、今井司様に、この場を借りて深く感謝申し上げます。

シリーズ編集代表
田中耕治（佛教大学教授、京都大学名誉教授）

目　　次

第3章	「指導要録」と「通知表」記入文例

第1章

学習・指導の改善に生かす
「指導要録」と「通知表」

1　指導要録の意義と役割

（1）指導要録とは

①　指導要録の法的位置づけと目的

　指導要録とは、日本の学校において幼児・児童・生徒・学生の学籍並びに指導の過程及び結果の要約を記録し、その後の指導及び外部に対する証明等に役立たせるための原簿となるものである。学校教育法施行規則第24条第1項により、各学校の校長はこれを作成しなければならない旨が定められている。その性質から教育課程と深く関わりを持っており、その様式等については学習指導要領の改訂と軌を一にして改訂されてきた。

　中央教育審議会初等中等教育分科会教育課程部会より、「児童生徒の学習評価の在り方について（報告）」（平成31年1月21日）が提示された（以下「報告」）。また、文部科学省初等中等教育局長名で「小学校、中学校、高等学校及び特別支援学校等における児童生徒の学習評価及び指導要録の改善等について（通知）」（平成31年3月29日）が出されている（以下「通知」）。

　1948年に児童指導要録が公表されて以降、今回で8回目の改訂となった。

　学習評価についての役割分担を簡単にまとめると下の表のとおりである。

文部科学省	学校の設置者 （教育委員会等）	各学校
・指導要録の参考様式等を通知	・指導要録の様式を決定	・評価規準を作成し、学習評価を実施 ・指導要録を記載

　指導要録は、在学する児童生徒の学習の記録として作成するものとし、指導要録は学籍に関する記録と指導に関する記録からなる。作成や保存などの取扱いについては、学校教育法施行規則第24条、第28条の定めるところによる。児童等が進学、転校した際にはその写しを進学転校先の学校長に送付することとなっている。指導要録の保存年限は、指導に関する事項は5年、学籍に関する事項は20年。指導要録は外部への証明の原本であり、内申書は通常その写しとなっている。指導要録の様式の決定は、公立学校にあっては、教育委員会が行う（昭和36年5月29日文部省初中局長回答）。指導要録は1学年が複数回あることを想定して作られていないので、原級留置にした場合はもう一通新しい指導要録を作成し、前の物と併用するとされている。

　このように、指導要録の役割と目的は、指導の記録であり、証明の原簿となるということである。指導要録は、外部に対する証明等に役立たせるための原簿となるものであるが、もともと児童生徒の関係する学校以外には部外秘のものである。したがって、外部に対する証明等にあたっては、その使途や本人に対する利益、不利益等を十分に考慮して慎重に取り扱う必要がある。つまり、回答書や証明書の作成には、照会の趣旨等を十分に確認した上で、その目的に応じて必要最小限の事項を記載するような配慮が必要である。

　なお、市町村の個人情報保護条例の実施機関である市町村立小・中学校が、例えば県の個人情報保護条例の実施機関である県立高等学校に法令で定められた写し又は抄本以外の個人の情報を提供する場合には、本人又は保護者の承諾が必要となるなどの制限がつくことがある。また、私立の幼稚園等、市町村の個人情報保護条例の実施機関となっていない機関等に対し、情報の提供を求めることができない場合もあるので注意が必要である。

② 　指導要録改善の意味

　指導要録の作成義務があるのは校長であるが、公立学校の場合、設置者である所管の教育委員会が指導要録の様式及び記入上の留意点などについて一定の定めをする。一般的には、都道府県内の公立学校で指導要録が異なることは望ましくないので、ある程度の統一を図るために、基準を示したり、指導助言を行ったりする。文部科学省は「通知」においてそのことに触れ、「報告」の趣旨も踏まえ、指導要録の様式が適切に設定され、新しい学習指導要領に対応した学習指導と学習評価が行われるように、これらの十分な周知及び必要な指導を各都道府県にお願いをしている。

　ここで大切なことは「新しい学習指導に対応した学習指導と学習評価」という意味である。今回の指導要録の改善の趣旨は、新しい学習指導要領の趣旨に沿って、各教科等の評価の改善をはかるとともに、これまでの指導要録の実施の経験も踏まえてその作成、保存、送付等に関する内容を示したものとなっている。

（2）指導要録の性格と役割

　指導要録には前項でも述べたように、「指導機能」と「証明機能」の二つの役割をもっている。本来、学習指導要領の趣旨を受けて、児童生徒の学習状況がどの程度実現できたかを評価した結果を記載するわけであるから、当然、指導要録を活用して、指導の改善に生かされることが「指導機能」を果たすことになる。

　　○学習や出欠の状況などを記録した基本的な表簿
　　○学籍を記録した基本的な表簿
　　○指導の過程及び結果の要約を記録した基本的な表簿
　　○指導に役立たせるための原簿
　　○外部に対する表明等に役立たせるための原簿

○法に規定されている学校に備えなければならない表簿の一つ

　まず第1の役割は「指導機能」として指導の充実のために役立てられ、また、学級担任が代わったとしても継続した指導体制のもとで、正しく児童生徒の指導に関して参考にする役割をもっている。第2の役割は「証明機能」として証明原簿の役割がある。転校や進学等においてその写しや抄本を送る際の原簿となる。また、就職・結婚など、あるいは何らかの問題に関し警察等に対する証明などの原簿の役割も果たす。

　指導のための資料という点からは、児童生徒に対する指導の成果の的確な評価に基づき児童生徒の学習状況の正しい把握に役立つ記述が必要である。記述の内容が不確かであったり、統一感を欠いていたり、過剰に細部にまでわたり記述がされていると、要点の把握が難しく活用も難しくなるからである。また、証明のための原簿なので、内容が適正であることを前提とし、記入の仕方等に一定の統一感があり、表記・表現に工夫がなされることが必要である。

（3）指導要録の作成と活用

　学籍に関する記録、指導に関する記録、ともに正確かつ適切な記入が求められる。そのためには、学校の組織を活かし、全教師の協力体制の下に作成が進められることが大切である。例えば、指導の記録に関して、日常の指導、観察、評価等についての具体的な資料が豊富に準備されていなければ、効果的な集約・総合は難しいからである。その意味では校内でよく話し合った上で、補助簿を活用することも重要である。

　補助簿は、児童生徒の活動の実態を多角的に把握することにも役立つ。教師が、どのような指導場面で、どう指導を展開し、その指導・支援で児童生徒がどのように反応し変容したかが把握される。的確な実態把握のための工夫をこらした計画に基づいて、教職員の協働体制のもとで、学籍の整理・記入、指導の過程及び結果の記録を進めるという基本姿勢が大切になる。特に学習評価については、妥当性・信頼性を高めるために、組織的に授業研究や教材研究、事後の検討を含め学習評価に取り組む体制づくりが求められる。

　今回の改訂では、学習改善と指導改善を目指す「教育評価」の仕組みとして、学習指導要領で目指す資質・能力と関連させて指導要録の「指導機能」を重視しようとしているのであるから、学校現場はその趣意を十分に認識して、日々の授業づくり・授業改善から、一人一人の丁寧な見取りの積み重ねを行っていくことで、納得して指導要録への記載ができるように意識をもっておかなくてはならない。記入の仕方は簡素化されたり、効率化をはかられたりするのかもしれないが、そこで生み出された時間と労力は、本来、児童生徒への指導と評価、評価から指導の改善に費やされるべきものなのである。

　管理職の先生方には、ぜひこの基本の考え方を教職員集団で、新学習指導要領の趣旨と合わせて、指導要録の改訂の趣旨を共通理解できる研修の場をもっていただきたい。そし

て、これまでの歴史的な背景を踏まえ、何が課題であったのか、何を目指して改善がなされようとしているのかを分かった上で、先生方には児童生徒の指導にあたってほしい。学習指導に関する活用については、それぞれの学校において、自校の場合はどのような活用が考えられるかを協議し、その内容を作成、管理、活用に結び付けるようにすることが大切である。証明機能を果たす原簿としての活用に関しては、場合によっては記載事項全て転記するのが必ずしも適当とは言えない場合などもある。情報開示に関する基本も含めて、活用の基本的な在り方と留意点について協議することが重要である。

●参考文献
中央教育審議会初等中等教育分科会教育課程部会「児童生徒の学習評価の在り方について（報告）」2019年1月21日
尾木和英「指導要録の意義とその作成」『指導要録の意義とその作成』ぎょうせい、2009年
「指導要録について」文部科学省ホームページ

2　指導要録改善のポイント

（1）学習評価改善の基本的な考え方

①　新学習指導要領の趣旨と検討の経緯

　資質・能力ベースの新学習指導要領を受けて、学校現場では「主体的・対話的で深い学び」に向けた授業改善や「社会に開かれた教育課程」を実現するカリキュラム・マネジメントなど、様々な取組が進められているところである。こういった取組が持続可能な形で実を結んでいくかどうかは、最終的にその成果がどのように評価されるかによる。

　新学習指導要領に示された資質・能力の三つの柱に即した観点別学習状況の在り方、総合評定の在り方、情意領域の評価の在り方、評価観の転換、そもそもの評価システムの在り方など、「児童生徒の学習評価に関するワーキンググループ」がまとめた「児童生徒の学習評価の在り方について（報告）」（2019年1月、以下「報告」）を見ても、様々な議論を経て、これからの求められる学力観や評価観の可能性が見えてくる。

　まず、これまでの教育評価をめぐる問題状況として例えば次のようなことが指摘されていた。

・学期末や学年末など事後の評価に終始してしまうことが多く、評価の結果が児童生徒の具体的な学習改善にはつながっていない。

・現行の「関心・意欲・態度」の観点について、挙手の回数や毎時間ノートをとっているかなど、性格や行動面の傾向が一時的に表出された場面を捉える評価であるような

誤解は払拭しきれていない。

・教師評価によって評価の方針が異なり、学習改善につなげにくい。

・教師が評価のための「記録」に労力を割かれて、指導に注力できない。

・相当な労力をかけて記述した指導要録が、次の学年や学校段階で十分に活用されていない。[1]

これが、これまでの学校現場での実情であり課題となってきたことである。

② 改善の方向

　学習評価は、学校における教育活動に関して、児童生徒の学習状況を評価するものであることは言うまでもない。児童にどういった力が身に付いたかという学習の成果を的確に捉えて、教師が指導の改善を図るとともに、児童生徒自身が自らの学習を振り返って次の学習に向かうことができるようにするためにも、学習評価の在り方は重要であり、教育課程や学習・指導方法の改善と一貫性のある取組を進めることが求められているのである。これが学習評価の基本的な考え方である。

　このような問題状況を克服する基本方向として、次の３点が示されている。

【1】児童生徒の学習改善につながるものにしていくこと

【2】教師の指導改善につながるものにしていくこと

【3】これまで慣行として行われてきたことでも、必要性・妥当性が認められないものは見直していくこと[2]

　まさに、学習改善と指導改善を目指す「教育評価」の仕組みとして指導要録を改訂するという明確な立場が表明されたのである。

　基本方向の一つ目は**カリキュラム・マネジメントの一貫としての指導と評価**である。

　各学校は、日々の授業の下で児童生徒の学習状況を評価し、その結果を児童生徒の学習や教師による指導の改善に生かす中で、学校全体として組織的かつ計画的に教育活動の質の向上を図っていくわけである。要するに「学習指導」と「学習評価」は学校の教育活動の根幹であり、教育課程に基づいて組織的かつ計画的に教育活動の質の向上を図る「カリキュラム・マネジメント」の中核的な役割を担うのである。

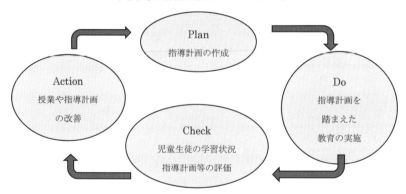

　二つ目は**主体的・対話的で深い学びの視点からの授業改善と評価**である。

　指導と評価の一体化を図るためには、児童生徒一人一人の学習の成立を促すための評価という視点を一層重視することによって、教師が自らの指導のねらいに応じて授業の中での児童生徒の学びを振り返り、学習や指導の改善に生かしていくというサイクルが大切である。平成29年改訂学習指導要領で重視している「主体的・対話的で深い学び」の視点からの授業改善を通して、各教科等における資質・能力を確実に育成する上で、学習評価は重要な役割を担うのである。

　これまでの学習評価の在り方に対して、児童生徒からも「先生によって観点の重みが違ったり、評価方法が違ったりすることで、どこをどう努力すればよいのか分かりにくい」といった戸惑いが見られたこともあったのではないだろうか。このような児童生徒の声に応えるためにも、教師は、児童生徒への学習状況のフィードバックや、授業改善に生かすという評価の機能を一層充実させる必要がある。教師と児童生徒が共に納得できる学習評価にするためには、評価規準を適切に設定し、評価の規準や方法について、教師と児童生徒及び保護者で共通理解を図るガイダンス的な機能と、児童生徒の自己評価と教師の評価を結び付けていくカウンセリング的な機能を充実させていくことも重要と言える。

　平成31年3月29日に出された「小学校、中学校、高等学校及び特別支援学校等における児童生徒の学習評価及び指導要録の改善等について（通知）」（以下「通知」）の中にも「学習評価の方針を事前に児童生徒と共有する場面を必要に応じて設けることは、学習評価の妥当性や信頼性を高めるとともに、児童生徒自身に学習の見通しをもたせる上で重要であること。その際、児童生徒の発達の段階等を踏まえ、適切な工夫が求められること」とあるように、評価場面に児童参加を促すという新しい教育評価の在り方も意識されているのである。このように積極的な方向を打ち出した新指導要録は、具体的にどのように課題に対応した改訂となったのか見てみよう（田中耕治「指導要録のあゆみとこれから」『新指導要録改訂のポイント』日本標準、2019年参照）。

（2）指導要録の改訂の要点

①　指導要録の内容構成と改訂点

　「通知」によると、指導要録の改善点は以下に示すほか、別紙1から別紙3まで参考様式に示されている。

＜学籍に関する記録＞について

　①　記入の時期

　　「学籍に関する記録」は原則として教育委員会が作成した学齢簿の記載に基づき、在籍するすべての児童生徒について、学年当初に記入する。また、年度途中で異動が生じた場合にはその都度速やかに記入する。

②　正確な記入

　　記入にあたって、氏名の字体、住所などが曖昧な場合には、保護者や関係機関に確認して正確に記入する。

③　ICTの活用

　　指導要録の書面の作成、保存、送付にICTを活用して行う場合には原本の保存、紛失や流失、改ざん、不正使用などが起こらないように学校として組織的に対応する。

④　指導要録の送付

　　転出に伴う指導要録の送付の場合、例えば配偶者からのDVによる被害や同居する児童生徒の指導要録への記述を通じて、転学先の学校名等の情報が加害者に伝わらないように厳重に管理し、配慮する必要がある場合もある。

＜指導に関する記録＞について

①　各教科の学習の記録は、教科ごとに観点別状況と評定を記入するように変更。

　　学習指導要領に示す各教科の目標に照らして、その実現状況を観点ごとに評価し、記入する。「十分満足できる」状況と判断されるものをＡ、「おおむね満足できる」状況と判断できるものをＢ、「努力を要する」状況と判断されるものをＣのように区別して評価を記入する。評定についても、学習指導要領等に示す各教科の目標に照らして、その実現状況を総括的に評価し、３、２、１で評価し記入する。

②　各教科すべて「知識・技能」「思考・判断・表現」「主体的に学習に取り組む態度」の３観点で統一された。

③　各教科の学習の記録に外国語の記録欄が新設された。

④　「特別の教科　道徳」の評価欄が新設された。

　　道徳科の評価については、学習活動における児童の学習状況や道徳性に係る成長の様子を個人内評価として文章で端的に記述する。

⑤　外国語活動の記録については、教科と同様の３観点が例示された。

　　評価の観点を記入した上で、それらの観点に照らして、児童にどのような力が身に付いたかを文章で端的に記述する。

⑥　総合的な学習の時間の記録については、学習活動および各学校が自ら定めた評価の観点を記入した上で、それらの観点のうち、児童にどのような力が身に付いたかを文章で端的に記述する。

⑦　特別活動の記録については、各学校が自ら定めた特別活動全体に係る評価の観点に照らして十分満足できる状況にあると判断される場合に○をつける。

⑧　行動の記録については、各学校において、自らの教育目標に沿って項目を追加できる。各項目の趣旨に照らして十分満足できる状況にあると判断される場合に○印を記入する。

⑨　総合所見及び指導上参考になる諸事項

⑩　児童の成長の状況を総合的に捉えるため、以下の事項等を文章で箇条書き等により
端的に記述すること。特に【4】のうち、児童の特徴・特技や学校外の活動について
は、今後の学習指導等を進めて行く上で必要な情報に精選して記述する。

【1】各教科や外国語活動、総合的な学習の時間に関する所見

【2】特別活動に関する事実及び所見

【3】行動に関する所見

【4】児童の特徴・特技、学校内外におけるボランティア活動など社会奉仕体験活
動、表彰を受けた行為や活動、学力に標準化された検査の結果等指導上参考
となる諸事項

【5】児童の成長の状況にかかわる総合的な所見

記入に際しては、児童の優れている点や長所、進歩の状況などを取り上げ
ることに留める。ただし、児童の努力を要する点などについても、その後の
指導において特に配慮を要するものがあれば端的に記入する。

以上が主な改訂点である。

②　各教科における評価の基本構造〜観点別学習状況の在り方〜

平成29年改訂で、学習指導要領の目標及び内容が資質・能力の三つの柱で再整理され
たことを踏まえ、各教科における観点別学習状況の評価の観点については、「知識・技能」
「思考・判断・表現」「主体的に学習に取り組む態度」の3観点に整理された。

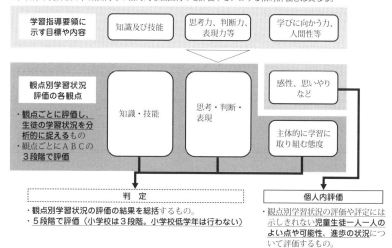

出典：中央教育審議会初等中等教育分科会教育課程部会「児童生徒の学習評価の在り方について（報告）」2019年1月21日

図1　各教科における評価の基本構造

　「**知識・技能**」は、各教科等における学習の過程を通した知識及び技能の習得状況について評価を行うとともに、それらを既有の知識及び技能と関連付けたり活用したりする中で、他の学習や生活場面でも活用できる程度に概念等を理解したり、技能を習得しているかを評価する。

　「**思考・判断・表現**」は各教科等の知識及び技能を活用して課題を解決する等のために必要な思考力、判断力、表現力等を身に付けているかどうかを評価する。

　「**主体的に学習に取り組む態度**」は、知識及び技能を獲得したり、思考力、判断力、表現力を身に付けたりするために、自らの学習状況を把握し、学習の進め方について試行錯誤するなど自らの学習を調整しながら、学ぼうとしているかどうかという意思的な側面を評価する。

　また、学習指導要領に示された資質・能力のうち、「学びに向かう力、人間性等」には「主体的に学習に取り組む態度」として観点別評価（学習状況を分析的に捉える）を通じて見取ることができる部分とし、観点別評価や評定にはなじまず、こうした評価では示しきれないことから個人内評価を通じて見取る部分があるとされている。したがって、**感性・思いやり**などについては、個人内評価の対象とし、児童生徒が学習したことの意義や価値を実感できるよう、日々の教育活動等の中で児童生徒に伝えることが重要である。児童生徒一人一人のよい点や可能性、進歩の状況などを積極的に評価し児童生徒に伝えることが重要である。

　では、日々の授業の中で、1回の授業でこれらの観点全てを評価しなければならないのだろうか。学習評価については、授業の中で児童生徒の学習状況を適宜把握して指導の改善に生かすことに重点を置くことが重要である。したがって、観点別学習状況の評価の記録に用いる評価については、毎回の授業ではなく原則として、単元や題材などの内容や時間のまとまりごとに、それぞれ実現状況を把握できる段階で行うなど、その場面を精選することが重要である。

　実際に授業場面で、児童生徒の学習状況を具体の姿で判断していかなくてはならないのであるが、「十分満足できる」状況（A）をどのように判断すればよいのだろう。各教科において「十分満足できる」状況（A）と判断するのは、評価規準に照らし、児童生徒が実現している学習の状況が質的に高まりや深まりをもっていると判断される場合である。「十分満足できる」状況（A）と判断できる児童生徒の姿は多様に想定されるので、学年会や教科部会等で情報を共有することや校内でも具体の成果物やサンプル例を蓄積していくなどの工夫も重要であろう。

③　観点別学習状況と評定との関係について

　今回、指導要録においては、「評定」については、各教科の学習状況を全般的に把握する指標であり、教育課程全体における各教科の学習状況を把握することが可能なものとし

て、今後も学習評価に位置付けることとされた。

　「報告」では、「観点別学習状況の評価自体も各教科の単元のレベルで数値的に（A、B、Cの三段階で）総括したものである。したがって、観点別学習状況の評価も評定の一種であることには留意が必要である」と指摘されている。

　観点別学習状況の評価をいかに評定に総括するのかについては、前回の指導要録同様に「各学校で定める」とされている。まさにその具体の方法は学校現場に問われ、委ねられているのである。

　例えば、観点別学習状況の評価の平均値が「評定」の評価になれば、「観点別学習状況」評価で高得点を取っている児童生徒は「評定」も高得点となる。その逆もしかりというわけである。しかし、観点別学習状況の総合自体に固有の意味があるとするならば、「評定」の評価をつけるための総合的な評価課題（「パフォーマンス評価」や「ポートフォリオ評価」など）が与えられ、その結果が記述されることになるわけである。新しい評価の在り方が提言されている意味を問い、「観点別学習状況」欄、「評定」欄に関する確かな構造認識を持ち、いずれの立場をとるにせよ、学校が保護者や児童生徒に対して、丁寧に正確に答えられるようにしておかなくてはならない。

④　各学校における留意事項

　各学校においては、教師の勤務負担軽減を図りながら学習評価の妥当性や信頼性が高められるよう、**学校全体としての組織的かつ計画的な取組**を行うことが重要である。具体的には例えば以下のようなことが考えられる。

- ・評価規準や評価方法を事前に教師同士で検討し明確化することや評価に関する実践事例を蓄積し共有すること。
- ・評価結果の検討等を通じて評価に関する教師の力量の向上を図ること。
- ・教務主任や研究主任を中心とした学年会や教科等部会等の校内組織を活用すること。

　これらのことを実現するためには見てわかるように、管理職が意図的に、教師集団をまとめながら、ミドルリーダーにミッションを与えて組織的にマネジメントしていくことが求められている。

　そして、学習評価については、日々の授業の中で児童生徒の学習状況を適宜把握して指導の改善に生かすことに重点を置くことが重要であることから、**観点別学習状況の評価に用いる評価場面を精選**し、毎回の授業ではなく原則として単元や題材などの内容や時間のまとまりで行い、その場面を計画しておくことが重要である。また、観点別学習状況の評価になじまず個人内評価の対象となるものについては、児童生徒が学習したこととの意義や価値を実感できるよう日々の教育活動等の中で児童生徒に伝えることも重要である。

　言語能力、情報活用能力や問題発見・解決能力など教科横断的な視点で育成を目指すこととされた資質・能力は、各教科等における「知識・技能」「思考・判断・表現」「主体的

に学ぶ態度」の評価に反映されることとし、各教科等の学習の文脈の中で、これらの資質・能力が横断的に育成・発揮されることが重要である。

　先ほども述べたが、**学習評価の方針を事前に児童生徒と共有する**場面を必要に応じて設けることは、学習評価の妥当性や信頼性を高めることになる。そして児童生徒に学習の見通しを持たせる上でも重要なことと言える。

　全国学力・学習状況調査等の結果は、児童生徒の学習状況を把握するために用いることで、教師が自ら評価を補完したり必要に応じて修正したりしていく上で大変重要と言える。**外部試験や検定等の学習への利用**を教師が自らの指導や評価の改善につなげることも重要である。

　次に、電子化等による事務の改善についてである。法令に基づく文書である指導要録について、書面の作成、保存、送付を情報通信技術を用いて行うことは現行の制度上も可能でその活用を通して指導要録等に係る事務の改善を推進することが重要であるとされている。特に統合型校務支援システムの整備により文書記述欄など記載事項が共通する指導要録といわゆる通知表のデータの連動を図ることは教師の勤務負担軽減に不可欠であり、設置者等においては**統合型校務支援システムの導入**を積極的に推進することとし、仮に統合型校務支援の整備が直ちに困難な場合であって、校務用端末を利用して指導要録等に係る事務を電磁的に処理することも効率的であるとされている。

　これらの方法によらない場合であっても、域内の学校が定めるいわゆる通知表の記載事項が、当該学校の設置者が様式を定める指導要録の「指導に関する記録」に記載する事項を全て満たす場合には、設置者の判断により、指導要録の様式を通知表の様式と共通のものとすることが現行の制度上も可能であるとしながら、その際、例えば次のような工夫が考えられるとされている。

　　・通知表に、学期ごとの学習評価の結果の記録に加え、年度末の評価結果を追記する。
　　・通知表の文章記述の評価について、指導要録と同様に学期ごとではなく年間を通じた
　　　学習状況をまとめて記載することとする。
　　・指導要録の「指導に関する記録」の様式を、通知表と同様に学年ごとに記録する様式
　　　にする。

　すでに、現行の制度上、工夫が重ねられている実践も見受けられると思うが、今後ますます国のみならず、都道府県教育委員会においても学習評価に関する研究を進め、学習評価に関する参考となる資料を示すとともに、学校現場とともに具体的な事例の収集・提示を行うことが重要と言える。

●注
1・2　中央教育審議会初等中等教育分科会教育課程部会「児童生徒の学習評価の在り方について（報告）」
　2019年1月21日

●参考文献
文部科学省「小学校、中学校、高等学校及び特別支援学校等における児童生徒の学習評価及び指導要録の改善等
　　について（通知）」2019年3月29日
文部科学省初等中等教育局教育課程課「学習評価及び指導要録の改善について」『初等教育資料』2019年6月号
文部科学省国立教育政策研究所教育課程研究センター『学習指導の在り方ハンドブック』2019年
田中耕治「指導要録のあゆみとこれから」石井英真・西岡加名恵・田中耕治編著『小学校新指導要録改訂のポイ
　　ント』日本標準、2019年

3　指導要録と通知表の関係

（1）新学習指導要領の趣旨を生かす

①　通知表の機能

　学習指導要領は教育課程の基準としての目標と内容を示したものである。各学校はこれに基づいて教育課程を編成し指導を展開する。指導要録はその成果を学習評価によって確かめるための枠組みを示すものであり、各教科については学習状況を分析的に捉える観点別学習状況の評価と総括的に捉える評定によって、学習指導要領に定める目標に準拠した評価として実施することとされている。通知表は各学校が自主的に学習の結果や学校生活の様子などを総括的に評価し、各家庭に通知する機能を持つものである。したがって、通知表は学校教育が目標として実現を目指した一人一人の児童の学習の成果や成長を評価し、その結果を各家庭に伝えるという機能から、指導要録の趣旨を踏まえてその書式や内容が検討の上、構成されなければならない。

　教育課程の設計図の骨組みとなる目標及び内容については、学習指導要領で、その教育の結果、学習者がどのような状況にあり、どのような経過でどのような成果や課題が見られるのか、評価についてはその枠組みを指導要録で示す。目標を実現するプロセスであるカリキュラム・マネジメントや指導方法の工夫については、各学校の創意工夫に任されている。今回の学習評価の改善の基本的な方向性についても、学習評価により子どもたちの学習の成果を的確に捉えて評価するのは当然のこと、評価の結果を教師が次の指導の改善に生かすこと、すなわち「指導と評価の一体化」が重要であると改めて指摘されている。そして、この「指導と評価の一体化」は、「カリキュラム・マネジメント」及び「主体的・対話的で深い学びの視点からの授業改善」においても重要な役割を果たすものと言える。このように通知表は、各学校において、どのような内容をどのような教育課程において、どのような授業の中で目標を実現できたのか、どのような過程で実現に至るまでの課題があるのかを丁寧に家庭に伝え、子どもに次のステップに自信と希望を持たせ、保護者に何

をどのように協力すればよいのかを伝える機能を持っていなければならない。そのために
は、学校は、新学習指導要領の改訂の趣旨とともに、新指導要録の改訂の趣旨を十分に理
解し、学校の実情に合わせた特色ある教育活動の中で、教育目標の実現について評価する
ことを十分に教職員に共通認識しておかなければならないと言えるのである。

　指導要録が外部への証明の原簿という証明機能と指導機能の二つの機能を持つのに対し
て、通知表は指導のための資料という指導機能に限られている。

②　通知表の在り方

　指導要録や通知表の在り方にとどまらず、学習指導要領の趣旨は日常の指導において活
かされなければ意味がない。学習指導要領を踏まえた目標の設定も、責任をもって指導し
きる水準として考えておかなければならない。教師が陥りがちな教室での机間指導による
チェックも単なる評価資料集めになっていないだろうか。このような成績の資料収集、総
括的評価の手段として指導を用いるような評価のための指導ではなく、指導のためにどう
評価を活用するか、つまり成果を確かめ、次の指導の改善に生かし役立てるといった機能
が求められているのである。

　そして、把握された学習状況、評価の結果については、児童生徒や保護者と共有するこ
とが大切である。通知表はその機能を果たすことになるが、共に理解してもらい協力を得
るためには、学校の教育方針、現在の状況を説明する機会を効果的に設定することが必要
である。通知表の在り方としては、次のような点が重要になる。

　　○新しい教育の方針、学校で進めている教育の状況の理解に役立つ。
　　○通知表の内容・構成の工夫により、協力体制づくりに役立つ。
　　○子どもの活動の状況、成果、課題の理解に役立つ。
　　○学習指導における、各教科等の指導のねらい、方法等の理解に役立つ。
　　○自分の子どもの活動状況を理解し、家庭で何をすべきかの理解を深めることに役立つ。

　今後の学校教育においては、そうした子どもの抱える多様な悩み、課題を鋭く受け止め
つつ、子どものよりよい人間形成と自己指導力の育成、さらに生きる力としての学力の育
成を目指して指導を展開することが求められてきている。子どものサインを見逃すことな
く、適切に指導・対応し、励ましの言葉や意欲を喚起する働きかけがあれば、学校と児童
生徒・保護者との信頼関係の絆は深く、指導もより一層の効果を上げるに違いない。通知
表は、子どもの指導に関する共通理解の重要な資料である。学校内での共通理解をもと
に、保護者への説明の機会の工夫や通知表の工夫によって、一人一人の子どもに対するき
め細かな指導を推進することが大切である。

③　教育課程が目指す実現状況として十分な目標設定を

　評価を形成的に機能させて、指導と評価を一体化させ結果責任を果たすよう、つまり指
導の成果を上げるような評価を展開して成果が上がったとしても、その成果が教育課程の

目指すものとして十分なものでなければ意味がない。

　評価が相対評価からいわゆる絶対評価へ、正確には目標準拠評価へと変わったのは、「目標準拠評価」の用語そのものが目標の吟味・検討を求めているのであることは言うまでもない。今回の指導要録の改訂でも改めて重視された「目標と指導と評価の一体化」と相まって、目指す目標についての吟味・検討を十分に行った上でそれを精選し、見通しのある効果的な指導を積み重ね、その成果を確かめるために評価し、十分な成果が上がっていないようなら補充指導や改善指導を行い、目指した成果を実現することが求められるのである。学校と指導者・学習者の立場から見た目標と指導と評価の一体化を図に表すと下のようになる。

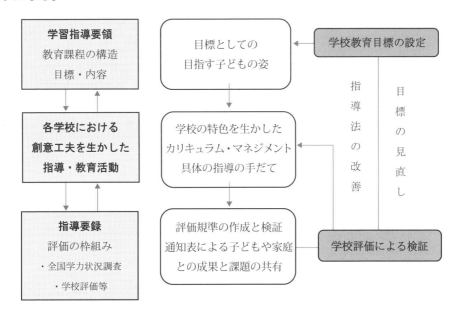

（2）指導要録と通知表作成の留意点

①　3観点への整理と重みづけ

　「観点別学習状況」の評価を「評定」へと総括する方法については、新指導要録においても従来通りそれぞれの学校が定めることとされている。「評定」の算出にあたって、それぞれの観点をどの程度重視するかという重みづけも、各学校の方針に委ねられている。あるいは、ある地域のまとまりでの比較可能性の保証という意味で共通の算出方式をとる場合も考えられる。いずれにせよ、この重みづけ次第で、従来の指導要録が抱えてきた課題を十分に乗り越えられないおそれもある。例えば、4観点から3観点に整理されたことにより、一つの観点の重みが相対的に大きくなる可能性がある。仮に各観点を同等の重みとして捉えた場合、従来の情意面（関心・意欲・態度）の占める割合は4分の1であったが、新指導要録では「主体的に学ぶ態度」の割合は3分の1となり情意面の重みが増大す

る。従来「関心・意欲・態度」の重視によって子どもの学習改善の方向性が見えにくくなってしまうという問題があった。このことから「主体的に学習に取り組む態度」の評価は「評定」算出に向けて各観点の重みづけと合わせて検討する必要がある。

　そもそも、各観点を切り離して重みづけをどうするかといった機械的な操作だけを考えると、そもそも想定されていた「主体的に学習に取り組む態度」の意味を理解しないまま、切り捨ててしまう可能性がある。「主体的に学習に取り組む態度」を発揮する子どもは、おそらく「知識・技能」「思考・判断・表現」の観点からも高く評価されるに違いない。「児童生徒の学習評価の在り方について（報告）」でも「指導と評価の取組を重ねながら授業を展開することにより、単元末や学期末、学年末の結果として算出される3段階の観点別学習状況の評価については、観点ごとに大きな差は生じないものと考えられる」と述べられている。

　したがって、重要なことは、観点の重みづけを検討する際に、学習のプロセスを学校としてどのように描くのか、指導を計画する段階で慎重に考えることが必要なのである。「主体的に学習に取り組む態度」の二つの側面の関係にとどまらず、「知識・技能」「思考・判断・表現」とどう結びつくのか、その関係性に基づいて、学習のプロセスをどう考えて指導を改善していくかを検討することによってこそ、新しい評価の3観点を適切に捉えることができるのである。

②　文章記述欄の様式の簡素化

　今回の指導要録の改訂で「特別の教科　道徳」「外国語活動」「総合的な学習の時間」の指導の記録は、観点を設定した上で文章で記述することとしている。また、観点に基づく「目標に準拠した評価」では十分に捉えきれないような点についても、「総合所見及び指導上参考になる諸事項」欄に文章で記述することとなっている。今回の指導要録からは、「主体的に学習に取り組む態度」の評価にあたって特筆すべき学習の姿や観点別評価や評定になじまない「学びに向かう力、人間性等」（感性、思いやりなど）の実現状況なども記入すべきであるとされている。

　こうした文章は、当然のことながら教師が子ども一人一人について記入していくものである。そのためには、ほとんどすべての教科・領域にわたって、日常的につけてきた記録や補助簿などを駆使しながら、相当な労力を費やして記述する必要がある。記録を取るために指導に集中できない、評価に終始して次の指導の改善に至らないなどこれまでにもその課題は指摘されてきた。文章記述欄には、こうした「記録のための記録」という問題が現れやすく、学習と指導の改善という目的の実現を妨げることもあったわけである。

　こうした問題を受けて、今回の参考様式においては、「指導に関する記録」の簡素化が図られている。特に文章記述欄の様式は、従来のものと比べて大幅に簡素化されることになった。例えば、「外国語活動の記録」については、設置者の設定した評価の観点に照ら

し、観点別に設けられていた記述欄が一本化されている。「総合所見及び指導上参考となる諸事項」欄については、要点を箇条書きによって記入するなどして、必要最低限の記述を心がけることとされ、スペースの縮小も図られている。このように、ここに書くべきターゲットは広がっているのであるから、ひとまとまりの文章で完成させることは必要とされていない。このように簡素化されたことによって指導要録作成の労力や負担が軽減されたと認識するのではなく、「記録のための記録」という事態を避け、形成的評価を充実させ、学習と指導の改善を確かなものにするという目的があるからこその簡素化であることを認識しておかなくてはならない。

　これまで文章記述欄に書かれてきたような内容は、教師や学校のみならず、子どもや家庭にも適切な形で伝えられてこそ学習の改善につながる。また、校内での引継ぎや転出入による学校間の引継ぎ、小中連携による引継ぎ等、これまで以上にきめ細やかな子どもの状況を共有するためには、指導要録の記述欄が簡素化された分、必要な情報の共有の仕方を見出す必要も出てくるに違いない。子どもや家庭との評価を介したコミュニケーションにあたっては、通知表が重要な役割を果たす。では、通知表には指導要録の改訂にともなってどのような変更が求められるのか考えてみたい。

③　通知表の機能と作成

　指導要録は、開示請求の手続がとられた場合をのぞいて、基本的に子どもや保護者が目にすることはまずない。そこで、指導要録のうち「指導に関する記録」に類似する形式を持つ通知表がこれまで学校と家庭の連絡・通信の手段として機能してきたわけである。通知表には法的規定はなく、作成するかどうかも学校に任されている。しかし、通知表は指導要録をある意味で補完する重要なものとして位置付けられている。通知表に期待される最も重要な機能は子どもや保護者に学習の状況を伝え、子ども自身の自己評価の力を教師の評価とすり合わせることで、子どもの自己を捉える力は鍛えられていくのである。

　また、保護者と情報共有を図り、より充実した指導と学習を実現していくためにも、通知表は重要な役割を果たす。その際には、観点別評価や評定の数値について、明確に説明できることも求められる。通知表を介したコミュニケーションは、教師にとっても評価の力量を鍛えていくことにつながる。これまでは、通知表を作成し家庭に配布して完結していたが、家庭ではなぜこの評価なのか疑問に感じたまま、教師との信頼関係が築けないという問題もあったかもしれない。

　これからは、日々の授業の声かけやノートも含めて、対話をもとによりよい指導と評価を実現していくことが求められてくる。よって、個人懇談会や三者懇談会とセットで、通知表を用いて対話による、よりよい指導と評価の実現が好ましいということになってくるわけである。

④　通知表と指導要録の様式

　通知表に求められる機能の質が高まる一方、指導要録とは別の資料として存在する限り、やはり作成についてはかなりの労力を要することになる。

　通知表については、指導要録のような参考様式があるわけではない。しかし、今回、「指導要録の指導に関する記録」に記載すべき事項をすべて含んでいることを条件として、「指導要録と通知表の様式を共通のものとする」ことができると明言された。つまり、指導要録を通知表にしてもよいということである。単純に手間が半分になるとも言えるが、前述のとおり、通知表の機能を考えれば、指導要録と同様の簡素化をはかってよいとは言えず、子どもや保護者に学習状況を丁寧に伝え、自信を持たせ、次の課題への学習意欲を喚起させるためには、できるだけ、わかりやすく詳細に、褒め言葉や励ましの言葉を記述すべきであろう。それが教育の原点であることを忘れてはいけない。様式の簡素化は、教師の働き方改革に寄与するものである。しかし同時に、そこから生み出された時間やエネルギーをかけて、形成的評価によって丁寧に子どもを見取り、学習の改善につなげられてこそ、指導要録と通知表を作成する意義が実質的なものになるということを認識しておかねばならない。

⑤　より望ましい通知表であるために

　学校と家庭とが子どもの教育に関して協力するために有効な情報・資料であるためには次のような点に留意することが大切である。

- ・通知表の様式や内容を新学習指導要領の趣旨や学校の教育方針にそって工夫し、現在進められている学校の取組みを保護者に理解してもらう機会とする。
- ・学校で進めている教育の状況をより具体的に理解してもらうために、学校の指導の重点を意識して、通知表の様式を工夫する。

　例えば「主体的・対話的で深い学びを充実させる授業」の実現に向けて、コミュニケーション力の育成や探究活動の充実を重点目標にしているといった場合、そのことを校内で共通理解し、その点に着目して評価を簡潔に記述する。前学期や前年度からの変容を意識して成長を記すなどの工夫である。個々の児童生徒の記録にも、そのことは記述されるのであるから、事前の保護者会等で説明をしておくなど、理解と協力を求めた上で、通知表を見てもらうなどの工夫が考えられる。

●参考文献
加藤明「新教育課程の趣旨を活かす通知表の在り方」加藤明編集『［小学校］一人ひとりの子どもが輝く通知表記入文例集』教育開発研究所、2011年
田中耕治「指導要録のあゆみとこれから」福嶋祐貴「新指導要録の様式と通知表の在り方」石井英真・西岡加名恵・田中耕治編著『小学校新指導要録改訂のポイント』日本標準、2019年

第 2 章

「指導要録」と「通知表」
記入と取扱いのポイント

「指導要録」学籍の記録

　学籍の記録については、原則として学齢簿の記載に基づき、学年当初及び異動の生じたときに記入する。学籍関係の内容は、学齢簿又は教育委員会からの通知等によるが、学校の方で、児童及び保護者の学籍に関する事項に変更が生じたり、記載事項を訂正する必要が生じたりした場合は、市区町村教育委員会と事前に連絡をしたのち、訂正することが求められる。なお、記入に当たっては、児童及び保護者への人権の尊重に十分配慮することが必要である。主な記載項目は、以下の①〜⑩である。

① 児童の氏名、性別、生年月日及び現住所

② 保護者の氏名、現住所

③ 入学前の経歴

　　小学校及び特別支援学校小学部（以下「小学校等」という。）に入学するまでの教育・保育関係の略歴（在籍していた幼稚園、特別支援学校幼稚部、保育所又は幼保連携型認定こども園等の名称及び在籍機関等）を記入する。

④ 入学・編入学等

　○ 入学

　　児童が第1学年に入学した年月日を記入する。

　○ 編入学等

　　第1学年の中途又は第2学年以上の学年に、在外教育施設や外国の学校等から編入学した場合、又は就学義務の猶予・免除の事由の消滅により就学義務が発生した場合について、その年月日、学年及び事由等を記入する。

⑤ 転入学

　　他の小学校から転入学してきた児童について、転入学年月日、転入学年及びその事由を記入する。また、学校を去った年月日についても併記する。

⑥ 転学・退学等

　　他の小学校に転学する場合には、転学先の学校が受け入れた日の前日に当たる年月日、転学先の学校名、所在地、転入学年及びその事由等を記入する。また、学校を去った年月日を（　）内に併記する。

＜転学の記入例＞

転学・退学等	（令和２年11月10日） 令和２年11月13日 転学先　京都市立○○小学校　第５学年 所在地　京都市中京区○○町○○番地 事　由　転居のため

　在外教育施設や外国の学校に入るために退学する場合又は学齢（満15歳に達した日の属する学年の終わり）を超過している児童が退学する場合は、校長が退学を認めた年月日及びその事由などを記入する。（　　）内は空欄とする。

＜退学の記入例＞

転学・退学等	（令和　年　月　日） 令和２年10月13日 事由　父親の転勤により　アメリカ　ボストンへ転居のため

　なお、就学義務が猶予・免除される場合又は児童の居所が１年以上不明である場合は、在学しない者として取り扱い、在学しない者と認めた年月日及びその事由を記入する。（　　）内は空欄とする。

＜居所不明の記入例＞

転学・退学等	（令和　年　月　日） 令和２年11月18日 事由　児童の居所が１年以上不明のため

⑦　卒　業

　　校長が卒業を認定した年月日（原則として３月末）を記入する。

⑧　進学先

　　進学先の学校名及び所在地を記入する。

⑨　学校名及び所在地

　　分校の場合は、本校名及び所在地を記入するとともに、分校名、所在地及びその事由等を記入する。

⑩　校長氏名印、学級担任者氏名印

　　各年度に、校長の氏名、学級担任者の氏名を記入し、それぞれ押印する。（同一年度内に校長又は学級担任者が代わった場合には、その都度後任者の氏名を併記する。）

※　氏名の記入及び押印については、電子署名（電子署名及び認証業務に関する法律第

２条第１項に定義する「電子署名」をいう）を行うことで替えることも可能である。

 教科における評価・評定の記載のポイントと留意点（教科全体を通して）

（1）作成に関する基本的な内容

①　「各教科の学習の記録」記入する内容

「各教科の学習記録」の欄には、次の二つ（「各教科の観点別学習状況の評価及び「各教科の評定」」を記入し、この欄では十分に表しきれない全体的な児童の学習状況については、今後の参考となる事項があれば、「総合所見及び指導上参考となる諸事項」の欄に文章で記載する。

②　４観点から３観点へ

新設された外国語も含め、各教科すべて「知識・技能」「思考・判断・表現」「主体的に学習に取り組む態度」の３観点で統一された。

「特別の教科　道徳」の評価については、学習活動における児童の学習状況や道徳性に係る成長の様子を個人内評価として文章で端的に記述する。

③　観点別学習状況の評価の記入

小学校における観点別学習状況については、小学校学習指導要領（平成29年文部科学省告示第63号）に示す各教科の目標に照らして、その実現状況を学年末に次のような３段階で入する。

　　Ａ：「十分満足できる」状況と判断されるもの

　　Ｂ：「おおむね満足できる」状況と判断されるもの

　　Ｃ：「努力を要する」状況と判断されるもの

④　観点別学習状況の評価を総括した評定

評定は３学年以上で行う。評定は、各教科の学習状況を総括的に評価したものである。

各教科の評定を行う際には、「Ⅰ観点別学習状況」において掲げられた観点は、基本的な評価要素となるものであることに十分留意するとともに、児童の平素の学習状況を考慮して、年間を通しての学習の成果を総合的に判断して決定することが大切である。また、評定の仕方を各学校において適切に定めて実施する。

　　３：「十分満足できる」状況と判断されるもの

　　２：「おおむね満足できる」状況と判断されるもの

　　１：「努力を要する」状況と判断されるもの

（2）作成に当たっての留意点

①　妥当性・信頼性の確保

　教師の勤務負担の軽減を図りながら学習評価の妥当性や信頼性が高められるよう、学校全体としての組織的かつ計画的な取組を行うことが重要である。例えば、以下の取組が考えられる。

　　○　学習評価の方針を事前に児童と共有する場面を必要に応じて設けることで、児童自身に学習の見通しをもたせる。

　　○　評価規準や評価方法を事前に教師同士で検討し明確化することや評価に関する実践事例を共有すること。

　　○　評価結果の検討等を通じて評価に関する教師の力量の向上を図ること。

　　○　教務主任や研究主任を中心として学年会や教科部会等の校内組織を活用すること。

②　評価規準（基準）の作成

　評価・評定を根拠に基づき正確に実施するためには、小学校学習指導要領に示した各教科の目標に対応した評価規準（基準）を作成し、それに基づいて学習状況の評価及び評定を判断する必要がある。また、学習指導要領に示された目標を踏まえながらも、最終的な目標を設定する際には、自校の児童の実態を踏まえ、カリキュラム・マネジメントの視点で目標設定することが重要である。文部科学省「通知」の観点の趣旨や国立教育政策研究所の「評価規準の作成のための参考資料（小学校）を参考にしたい。

③　評価資料に基づいた根拠のある評価・評定

　各教科の学習評価の実施に当たっては、次の事柄に留意して、根拠を明確に説明できるようにすることが必要である。

　　○　目標、指導内容、評価規準（基準）に応じて、評価資料を収集しておく。

　　○　評価方法マニュアルを学校として作成し、共通理解を図っておく。

　　○　評価基準に照らして、評価資料を活用して、作成手順に従って評価・評定する。

　　○　評価・評定の結果を、児童や保護者に根拠を示して説明できるように確認しておく。

　そのためには、補助簿等を活用して、評価資料を蓄積することが大切である。

④　正確な記入と確認

　各教科の観点別学習状況の評価とそれを総括した評定が確定したら、その結果を様式2の「各教科の学習の記録」欄に記入することになる。記入の段階で、妥当かつ正確な評価・評定になっているかを確認し、その上で記入する。念のため、学年会等で組織的に再点検することも重要である。

3 領域における評価の記載のポイントと留意点（外国語活動/総合/特活）

① 外国語活動

　評価の視点については、学習指導要領に示す「第1目標」を踏まえ、以下の表を参考に設定することとしている。教科と同様の三つの観点に即して児童の学習状況を見取る。

　小学校等における外国語活動の記録については、評価の観点を記入した上で、それらの観点に照らして、児童の学習状況に顕著な事項がある場合にその特徴を記入する等、児童にどのような力が身に付いたかを文章で端的に記述する。

様式2（指導に関する記録）記入文例

外　国　語　活　動　の　記　録			
学　年	知識・技能	思考・判断・表現	主体的に学習に取り組む態度
3	ALTの発音を聞き、動物や数字など、正しい発音やイントネーションで話すことができた。		
4	「what do you want?」の学習では、自ら進んでクラスメイトに質問するなど、英語のコミュニケーションの力が育ってきた。		

② 総合的な学習の時間

　小学校等における総合的な学習の時間の記録については、この時間に行った学習活動及び各学校が自ら定めた評価の観点を記入した上で、児童の学習状況に顕著な事項がある場合などにその特徴を記入する等、児童にどのような力が身に付いたかを文章で端的に記述する。

様式2（指導に関する記録）3年生記入文例

総　合　的　な　学　習　の　時　間　の　記　録			
学　年	学習活動	観　点	評　価
3	・地域の様子について発表する	・問題を解決する能力 ・分かりやすく伝える技能 ・主体的に学習に取り組む態度	・地域の特色や伝統的な祭り等を調べるために、地元の人々へのインタビューを行い、それをもとにグループで壁新聞を作成し発表した。
4			
5			
6			

③ 特別活動

　小学校等における特別活動の記録については、各学校が定めた特別活動全体に係る評価の観点を記入した上で、学級活動・児童会活動・クラブ活動・学校行事ごとに、評価の観

点に照らして記入する。評価の観点については、小学校学習指導要領に示す特別活動の目標を踏まえ、各学校において「各教科等・各学年等の観点及びその趣旨」を参考に定める。その際、特別活動の特質や学校として重点化した内容を踏まえ、例えば、「主体的に身の回りの生活や人間関係をよりよくしようとする態度」など、より具体的に定めることも考えられる。

例えば以下のように、具体的に観点を示すことが考えられる。

小学校児童指導要録（参考様式）様式2の記入例（5年生の例）

特別活動の記録								
内容	観点＼学年	1	2	3	4	5	6
学級活動	・よりよい生活を築くための知識・技能	○	○	○	○	○	
児童会活動	・集団や社会の形成者としての思考・判断・表現力			○		○	
クラブ活動	・主体的に生活や人間関係をよりよくしようとする態度				○		
学校行事				○		○	

各学校で定めた観点を記入した上で、内容ごとに、十分満足できる状況にあると判断される場合に、○印を記入する。
○印をつけた具体的な活動の状況などについては、「総合所見及び指導上参考となる諸事項」の欄に簡潔に記述することで、評価の根拠を記録に残すことができる。

なお、特別活動は学級担任以外の教師が指導する活動が多いことから、評価体制を確立し、共通理解を図って、児童のよさや可能性を多面的・総合的に評価するとともに、確実に資質・能力が育成されるよう指導の改善に生かすことが求められている[1]。

●注
1　文部科学省・国立教育政策研究所教育課程研究センター「学習評価の充実」『学習評価の在り方ハンドブック』2019年6月、p.10

4 行動の記録/総合所見及び指導上参考となる諸事項における記載のポイントと留意点

（1）「行動の記録」各項目の趣旨と評価

「行動の記録」は、10項目（①基本的な生活習慣、②健康・体力の向上、③自主自立、④責任感、⑤創意工夫、⑥思いやり・協力、⑦生命尊重・自然愛護、⑧勤労・奉仕、⑨公正・公平、⑩公共心・公徳心）から構成されている。各項目には学年別の趣旨が示されており、行動の所見もその趣旨に基づいて記入する必要がある。

平成31年3月29日付「小学校、中学校、特別支援学校等における児童生徒の学習評価及び指導要録の改善等について（通知）」の中で「各教科、道徳科、外国語活動、総合的な学習の時間、特別活動やその他の学校生活全体にわたって認められる児童の行動につい

25

て、設置者は、小学校学習指導要領等の総則及び道徳科の目標や内容、内容の取扱いで重点化を図ることとしている別紙４を参考にして、項目を適切に設定する。また。各学校において、自らの教育目標に沿って項目を追加できるようにする。各学校における評価に当たっては、各項目の趣旨に照らして十分に満足できる状況にあると判断される場合は、○印を記入する。」こととしている。

「各項目の趣旨に照らして十分に満足できる状況にあると判断される場合には、○印を記入する」というこのポイントには、主として次の２点にある。

その一つ目は各項目（10の観点）についての学年別の趣旨理解である。そして二つ目は「十分に満足できる状況」に関する評価基準の設定である。

各学校においては、指導要録の趣旨や内容、方法等について教員間で理解を深め、組織的に取り組むことが肝要である。とりわけ、行動の記録については特別活動の評価や後段で述べる「総合所見及び指導上参考となる諸事項」とともに評価の工夫が一層求められている。

（２）総合所見及び指導上参考となる諸事項

指導要録は、前章で記述したように「指導の役割」と「証明の役割」の二つの性格を併せもった公募である。したがって、この性格をしっかり理解して、相手によく分かる文章表記を心掛ける必要がある。

① 具体的で分かりやすい文章表記

児童一人一人のよさや成長の様子を日頃から目を向けておくことが大切である。その積み重ねの表れとして、児童の成長の状況を総合的に捉えたものが、指導要録である。だからこそ、一人一人の児童のよさや伸びに目を向け、１年間の児童の成長や変容が見える文章表記をすることが基本となる。

また、次の担任や転校先、中学校等へ「指導の役割」を確実に引き継ぐことができるよう、具体的で分かりやすい文章表記を心掛ける必要がある。

② エビデンス（根拠）に基づく文章表記

個人情報保護基本法制の考えに基づき、指導要録の開示が請求されれば、適正な執行に支障がない限り、開示請求に応じなければならない。そのようなケースは増えつつある。しかし、そのことを気にし過ぎて、当たり障りのない文章表記に終始してしまっては、本末転倒である。児童のよさや成長を総合的に捉えて、客観的に記述するためには、それに基づく根拠となる資料が必要となる。したがって、主観的な判断や評価は避けなければならない。指導要録に記載された内容に対して説明責任が求められることを認識しておきたい。

③　記入に当たってのポイント

　小学校等における総合所見及び指導上参考となる諸事項については、児童の成長の状況を総合的に捉えるため、以下の事項等を文章で箇条書き等により端的に記述する。

【１】各教科や外国語活動、総合的な学習の時間の学習に関する所見

【２】特別活動に関する事実及び所見

【３】行動に関する所見

【４】児童の特徴・特技、学校内外におけるボランティア活動など社会奉仕体験活動、表彰を受けた行為や活動、学力について標準化された検査など指導上参考となる諸事項

【５】児童の成長の状況にかかわる総合的な所見

　記入に際しては、児童の優れている点や長所、進歩の状況などを取り上げることに留意する。ただし、児童の努力を要する点などについても、その後の指導において特に配慮を要するものがあれば端的に記入する。特に上記【４】のうち、児童の特徴・特技や学校外の活動等については、今後の学習指導を進めていく上で必要な情報に精選して記述する。

　さらに、障害のある児童や日本語の習得に困難のある児童のうち、通級による指導を受けている児童については、通級による指導を受けた学校名、通級による指導の授業時間、指導機関、指導の内容や結果等を端的に記入する。通級の指導の対象となっていない児童で、教育上特別な支援を必要とする場合については、必要に応じ、効果があったと考えられる指導法や配慮事項を端的に記入する。なお、これらの児童について個別の指導計画を作成している場合において当該指導計画に上記にかかわる記載がなされている場合には、その写しを指導要録の様式に添付することをもって指導要録の記入に替えることも可能である。

　上記下線部分（筆者記入）が今回の改訂点であり、留意する必要がある。

●参考文献

文部科学省「小学校、中学校、高等学校及び特別支援学校等における児童生徒の学習評価及び指導要録の改善等について（通知）」別紙１、2019年３月29日

「指導要録」送付・保存・管理・活用の基本ルール

文部科学省からの通知（平成31年3月29日）の中で、特に「指導要録の保存・送付」についての新たな言及はない。しかし、校務の多忙化の中で「統合型校務支援システムの導入促進について今後の方向性が打ち出されている。

（1）指導要録の送付・保存について

① 転学する場合

児童・生徒が転学する場合は、進学元の学校から送付を受けた指導要録の抄本又は写しを、転学先の学校（校長）へ送付することになっている。送付を受けた指導要録の抄本又は写しについては、進学してきた児童が在学する期間保存すること。

② 配慮を要する場合

配偶者からのDV、体罰や家庭裁判所等が関わる転学が生じた場合は、転学先の学校名や所在地等の情報が配偶者（加害者）に伝わるリスクが生じるので、このような特別な事情が生じた場合は、個人情報保護条例等に則り、教育委員会、児童相談所や関係各局との連携を図りながら、厳重に管理すること。

③ 指導要録の保存期間

学校教育法施行規則第28条第2項には「学籍に関する記録は20年、指導に関する記録は5年とする」と規定されており、新指導要領においても変更はない。

○ 卒業した場合（中途転入の場合は、全学校からの写しを合わせる）	学籍に関する記録　20年 指導に関する記録　　5年
○ 中途退学した場合	転学した月から20年　（5年）
○ 退学した場合	退学した日から20年　（5年）
○ 廃止された場合	20年（5年）から、その学校の保存した期間を差し引いたもの

（2）指導要録の管理について

① 指導要録の保存

長期間の保存を要する重要な書類であるので、耐火金庫等に厳重に保管する必要がある。

② 保存期間経過後の取扱い

　保存期間を経過した指導要録は、各自治体の公文書処理規定に則って適切に廃棄する等の処理が必要である。

（3）校務支援システム（統合型校務支援システム）の導入に向けて

① 統合型支援システムとは

　学校現場で一般的に称されている校務支援システムは、正式には「統合型」と形容される。その理由は、成績処理、出欠管理、時数管理、健康診断票、指導要録、学校事務に関するものなど統合した機能を有しているからである。成績処理だけでなく、グループによる情報共有としての機能も備えている。

② 統合型支援システムのメリット

　業務時間の削減が図られる、情報を必要に応じて共有できる等効率化や教員の多忙化の改善につながっている。

（4）指導要録の活用について

① 指導に生かす機会と多面的な情報収集

　指導要録の記載内容を指導に生かすことが重要である。例えば、小中間の接続の際に小学校での実態を把握し、入学後の指導方針の立案をしたり、クラス分けの資料にしたり、集団への適応指導に生かすことも可能である。次に、学年が上がり新しい組織・新しい担任に代わる場合に、どのような指導を展開するのかの計画づくりに生かすこともできる。情報収集の内容は、学習成績や出欠の記録などの他、家庭との連携資料、地域活動の参加状況、趣味や特技、基本的な生活習慣の確立等、幅広い分野からの情報を読み取ることができ、様々な場面で活用することが可能である。

② 情報の分析と客観的な理解への工夫

　収集した情報は、主に学級担任が保管し活用することになるが、その情報の信憑性については、複数の教職員で多面的多角的、客観的に分析し、そこには、温かな子ども理解が根底になければならない。

③ 指導記録の累積を図る

　指導要録への記載を進める上で大切なことは、具体的な事実や記録を基にして記載していくことである。「総合的な学習の時間の評価」「特別活動の評価」「行動の記録」等においても、具体的な事実に基づいて記載できるよう、日頃から指導記録の累積を図ることも大切である。

家庭と学校をつなぐ「通知表」の 記載のポイントと留意点

（1）子ども、保護者の立場に立っての通知表

　指導要録と通知表での学習評価は、その目的や対象が異なっている。したがって、その評価の観点や視点も異なってくるのも当然のことである。

　例えば、指導要録が教師の側の継続的かつ一貫したリアルタイムな学びの見取りであるとするなら、通知表ではその様相が異なる。指導要録とその実施目的を違える通知表では、何よりも大切にしなければならないのは、そこでの評価を受け取る相手である。それは、改めて確認するまでもなく、子どもとその保護者である。そこでは、評価を受けた子どもと保護者が通知表に記した担任の眼差しをどのように逆評価するかという逆説的な現象が生じるのは当然のことである。保護者が求めるのは、我が子が学習にどのように参加し、それをどのように見取ったかに目が向けられている。子どもも同様に、自らの学びを担任の先生がどう認め励ましてくれているのかに目が向けられているのである。

　開かれた教育を推進し、説明責任を果たすことは、学校における重要な役割の一つである。学校は、保護者に対して、教育活動の内容や子どもの活動状況について積極的に情報を提供することが求められている。そして、その説明を通して、保護者の理解を得て、ともに教育にあたる協力の姿勢をつくることが大切になっている。

　これまで通知表の内容が、一方的な情報の提示や連絡になっている場合もあったのではないだろうか。そうした場合、担任（教師）の立場が前面に出るので、時に指示的、断定的な表現であったり、子どもや保護者には分かりにくい表現になったりする場合なども見受けられた。例えば、「自己肯定感が高まり」「課題解決学習を身に付け」などの表現は、子ども、保護者には理解されにくい。大切なことは、通知表の受け手である子どもや保護者の立場に立つことである。

（2）協力関係づくりに機能する通知表

　教師は、通知表に子ども一人一人の学習や生活の状況を記入する過程で、教師自身の指導に評価を加え、子どものよりよい指導のためにはどうあるべきかを考え、子ども一人一人に対する指導目標を設定している。そうした教師の子どもに対する思いや課題意識について、どのようにすれば保護者と共有することができるか、そこに通知表の工夫がある。

（3）通知表作成に当たっての留意点

　第1章で述べたように、今回、「指導要録の指導に関する記録」に記載すべき事項をすべて含んでいることを条件として、「指導要録と通知表の様式を共通のものとする」ことができると明言された。しかしながら、通知表の機能を考えれば、指導要録と同様の簡素化を図ってよいとは言えず、子どもや保護者に学習状況を丁寧に伝え、自信を持たせ、次の課題への学習意欲を喚起させるためには、できるだけ、わかりやすく詳細に、褒め言葉や励ましの言葉等を記述すべきである。

①　通知表の所見を書く際の留意点

　例えば、子どもを励ます場合に「考える力が育ってきました」といったような総評ではなく、「以前に学習した長方形の面積の公式を活用して平行四辺形の面積の公式を導き出すなど、考える力が育ってきました。」「社会科で地域の特色を調べる際、二つの資料を関連付けて考えることができるようになりました。」や「算数科では、答えを出した後、見直しをする習慣をつけるともっと伸びるでしょう。」等、内容に即して具体的に褒めたり、励ましたりすることが大切である。そうすることで、子どもや保護者にとって、どこがよかったのか、これからどこを直したり伸ばしたりすればもっとよくなるのか、どう頑張っていけばよいのかが分かるはずである。このような形成的な機能が通知表にも求められる。

②　今後の方向性を示す

　通知表は、保護者に対して学期ごとの成果を総括して知らせるだけでは十分ではない。いわゆる目標に準拠した評価による評定、観点別評価にとどまらず、そのような評価になる内実、つまり、どこでどのような力がつき、伸びたのか、これからの課題は何か等を具体的に知らせるものでなければならない。「がんばりましょう。」だけでなく、「何をがんばったらよいのか。」、さらには「どのようにがんばればよいのか。」の通知が所見の役割であり、これをきっかけに、学校において子どもと学習についてのコミュニケーションが活性化するのを期待するのである。

　このように、これからの学習を進めるにあたっての課題やその解決策が具体的に示されていること、それは教師にとっても指導の具体的な指針が立っているということでもある。「目標と指導と評価の一体化」の要である評価のフィードバック機能とは、このように評価によって次の指導の具体的な指針を得ることであり、それはそのまま教師自身のこれからの指導の課題として位置付けられなければならないものである。そしてその課題、つまり一人一人の頑張りどころについて見守りながら励まし続け、できるようになったら「やれば、できるね。」とすかさず褒めことばをかけ、そのことをまた通知表に書いて褒め直す。このような、一人一人を見守り続けての褒めことば、励ましのことばとエピソードの記録こそが、継続的な指導にとって大切なデーターベースであり、このような情報の継

続化・共有化を円滑に図ることが、学校全体で子どもを育てること、さらには小中連携や小中一貫教育を支えるもっとも大切な基盤と位置付けられる。

●**参考文献**
加藤明編集『［小学校］一人ひとりの子どもが輝く通知表記入文例集』教育開発研究所、2011年
尾木和秀・小島宏編著『新版　小学校通知表文例辞典』ぎょうせい、2010年

7 気になる子に関する記載に当たってのポイントと留意点

（1）特別の支援を必要とする児童の通知表等に記入する際の留意点

①　「学習支援の過程」を伝える

　本来子どもは、それぞれに個別の教育的ニーズを有して学習集団の中に存在している。それは障害が有る無しにかかわらず、教育活動がすべての子どもたち一人一人の教育的ニーズを見取り、確かな学びを実現し、成長を支援するために展開されていることを意味している。

　そのような特別の支援を必要とする児童は、発達に差異が見られ、個性的な発達状況を表すことが多い。したがって教育的ニーズも多種多様である。そのため、個々の児童理解に努め、ニーズを把握し、一人一人が個に応じた学び方を工夫しながら試行錯誤し、様々な実践を重ねた「過程」を感じとることができるような工夫をすることが大切である。

②　アセスメントを大切にする

　学習場面や生活場面で困難さを抱える子どもたちにいち早く気づくことができるのは、担任教師である。この気づきが支援のスタートとなり、その後の変容を見取り、形成的評価を実現するための基点となる。

　これらの気づきをチャンスにしてアセスメントにつなげることが大切である。学習や行動の様子、テストやノート等も重要な情報である。もちろん、教育相談を通して、児童本人や保護者の思いや願い、不安や悩みを共感的に聴き取ることも重要である。これらの多面的・客観的な情報をもとに総合的に児童を理解し、アセスメントする。アセスメントすることで、日々の児童の変容に敏感になり、的確な励ましや支援を実施することができ、評価の視点も鋭角的で明確になる。

③　チーム学校のシステムを生かす

　特別の支援を要する児童を担任一人で抱え込んでしまうと、効果的な支援ができないだけでなく、教師自身の多望感や閉塞感が生じ疲労感が蓄積してしまう。仲間と共に支援に

取り組む「チーム学校」の体制を整え、様々な意見や考えを出し合うことで、根気強く継続的な支援できるような力となる。チームのメンバーとしては、学年のメンバー、コーディネーター、特別支援担当者、管理職、また、通級指導担当者や専門的な機関などが考えられる。

　また、通知表を作成する際にも、「チーム学校」の支援メンバーに協力を求めることで、多面的・多角的な情報を得ることができ、記入の視点も広がることになる。

　さらに、前頁でも述べたように通級による指導を受けている児童については、個別の指導計画を作成している場合において当該指導計画に上記にかかわる記載がなされている場合には、その写しを指導要録の様式に添付することをもって指導要録の記入に替えることも可能である。（平成31年3月29日通知　別紙1）

　上記下線部分が今回の改善点であり、留意する必要がある。

（2）特別の支援を必要とする児童への記入文例

①　学習面に困難がある場合（学習障害[LD]傾向など）

＜算数科の例＞

●文章題の問題を読み解くことに課題がある場合

指導のねらい	子どもへのはたらきかけ	所 見 文 例
図や絵を手がかりに立式できるようにする	・手がかりの絵を見て問題の「わかっているところ」を見つける ・「問題の解き方の手順」プリントを活用する	・ヒントの絵を見て、問題の場面をつかむことができ、式が立てられるようになりました。 ・手順を覚えて立式できるようになりました。
大事な言葉（キーワード）を見つけて立式できるようにする	・子どもと一緒に問題文を読む ・数字に青色、キーワードに赤色のマーカーを引く ・大事なところを色分けして塗分ける	・算数の文章題では、数字や大事な言葉（キーワード）に着目して、式を立てられるようになりました。

②　行動面に困難がある場合（注意欠陥・多動性障害[ADHD]の傾向など）

＜総合所見の例＞

●きまりを守ることに課題がある場合

指導のねらい	子どもへのはたらきかけ	所 見 文 例
順番やルールがわかるようにする	・「かりるとき」「かえすとき」の言葉についてロールプレイを通して知る ・「おにごっこ」のルールを先生とカードで確認する	・クラスの友達と仲良くしたいという思いは強い○○さんですが、どうしてよいか分からないところがありました。困っていることをカードで確認して言葉かけを一緒に考えていたところ、友達とも上手にかかわれるようになりました。

8 担任教師へのアドバイス

（1）所見欄の活用

　所見欄には、担任として、児童に寄せる思いや願いが示されるとともに、担任の教育観や指導観、人柄が表されることもあり、読み手である児童や保護者を常に意識して記述していくことが求められる。特に、総合所見については、学習面、生活行動面の全般にわたって総合的な見地から記述する場合があるので、偏見や人格の否定などが生じないよう人権に配慮した記述内容や表現でなければならない。

　教科の評定については、所見欄を活用して補足説明することもある。学習内容は観点別で記述されているが、なぜそのような評定になったのかの説明を加えた方がよい場合がある。特に、受け手である保護者が、予想していた成績（評定）よりも低かった場合等には、詳細な説明を求められる場合もある。

　通知表は、子どもの成長を願う学校と家庭とが行う連絡のための一つの手段でもある。学校と家庭の双方のやり取りを通して、相互の信頼関係、協力関係が深まることにつながるよう、所見欄の中に家庭からの通信欄を設けている学校もある。ここで気をつけたいことは、どのような所見であれば保護者からの協力が得られるかを意識して書くことが重要である。担任からの一方的な決めつけや要望を並べて記載してはいけない。この場合、保護者の担任に対する信頼関係がこじれたり、ひびが入ったりして、今後の協力が得られなくなる。大切なことは、「学校と家庭が協力して、今後の子どもの成長にプラスとなるよう一緒に頑張っていきましょう。」というスタンスである。また、その根底には担任と子ども、担任と保護者との信頼関係が必要である。

（2）児童のよさを発見し伸ばす

　一人一人の児童を理解し、子どものもつよさを伸ばすことは、教育が果たす重要な働きである。例えば、授業中、気が散る面も見受けられるが興味のあることに対して集中して取り組める子、普段大人しく目立たないがトイレのスリッパを黙々とそろえてくれている子、暴力をふるう一面もあるが弱い立場の友達にはとても優しい子など、どの児童にもその子どもなりのよさや課題がある。それを発見し、そのよさを伸ばすには、常日頃から児童への温かい理解や洞察力、また教師としての情熱、愛情が根底になければならない。子どもや保護者にとっては、担任の先生が、子どものマイナス面だけでなく、プラス面も見てもらっている、という教師に対する安心感や信頼感が求められているのである。

（3）すべての児童への配慮

　著者自身のことで恐縮であるが、自宅の引き出しに、私が小学生のときに当時の担任の先生からいただいた通知表を今も大切に保管している。色あせた薄っぺらな通知表ではあるが、担任の先生に直筆で書いてもらった文字は、いまだに輝いて見える。5．4．3．2．1の数字が並んでいる通知表のほんの1・2行ではあるが、それを見るたびに、当時の先生やクラス仲間とのやり取り等の情景が浮かんでくる。たった1枚の通知表ではあるが、その中には、人それぞれの受け止めがあり、思い出が凝縮されているように思う。通知表にはそのような重みがある。

　以前、ある学級で、所見欄にどの子どもも同じ観点で書かれている通知表があった。内容を統一して書こうとしているのだろうが、子どもや保護者からみればどう見えるだろうか。きっと担任の先生への信頼が揺らいでしまうのではなかろうか。

　一人一人子どもは当然みな違う。したがって、その子どもの所見欄には、その子どもにふさわしい内容が記述されるべきである。書き手は担任一人であるが、受け取る側は40人の学級であれば40通りそれぞれ違う。

（4）記載しにくい児童への配慮

　通知表の所見を書き進めていくと、ふと手が止まってしまうことがある。その子どもなりの特徴がつかみきれず、書く内容が定まらなかったり、先に書いた子どもと同じ内容であったりする場合である。こんなとき、担任としてその子どもに対して指導が十分にできていなかったためではないだろうか、あるいは、目が向けられていなかったのでないだろうかと、教師としての自分を責めることがある。そのようなときは、あらためて授業時間や学校のすべての教育活動での様子をもう一度見つめ直すことが大切である。そうすると、その子どものよさに気付くこともある。

　また、日ごろ授業の中で、児童の作業ノートや記録ノートに記述したものを参考資料として残しておくのもよいだろう。さらに、座席表に基づく個人カルテのようなものを教師が用意しておき、授業終了時や一日の教育活動が終わったときなどに、その日の特徴的な事柄や心に残ったことをメモする習慣をつけておくのも一方法である。メモする内容だが、子どもの発言や行動で担任が気にとまったこと等である。遡ってそのメモを見ると、普段見えていない子どもの変容が見えてくることもある。

●参考文献
尾木和秀・小島宏編著『新版　小学校通知表文例辞典』ぎょうせい、2010年

第 3 章

「指導要録」と
「通知表」記入文例

国　語

●評価の観点及びその趣旨（指導要録）

（1）評価の観点及びその趣旨

観点	知識・技能	思考・判断・表現	主体的に学習に取り組む態度
趣旨	日常生活に必要な国語について、その特質を理解し適切に使っている。	「話すこと・聞くこと」、「書くこと」、「読むこと」の各領域において、日常生活における人との関わりの中で伝え合う力を高め、自分の思いや考えを広げている。	言葉を通じて積極的に人と関わったり、思いや考えを広げたりしながら、言葉がもつよさを認識しようとしているとともに、言語感覚を養い、言葉をよりよく使おうとしている。

（2）学年別の評価の観点の趣旨

観点＼学年	知識・技能	思考・判断・表現	主体的に学習に取り組む態度
第1学年及び第2学年	日常生活に必要な国語の知識や技能を身に付けているとともに、我が国の言語文化に親しんだり理解したりしている。	「話すこと・聞くこと」、「書くこと」、「読むこと」の各領域において、順序立てて考える力や感じたり想像したりする力を養い、日常生活における人との関わりの中で伝え合う力を高め、自分の思いや考えをもっている。	言葉を通じて積極的に人と関わったり、思いや考えをもったりしながら、言葉がもつよさを感じようとしているとともに、楽しんで読書をし、言葉をよりよく使おうとしている。
第3学年及び第4学年	日常生活に必要な国語の知識や技能を身に付けているとともに、我が国の言語文化に親しんだり理解したりしている。	「話すこと・聞くこと」、「書くこと」、「読むこと」の各領域において、筋道立てて考える力や豊かに感じたり想像したりする力を養い、日常生活における人との関わりの中で伝え合う力を高め、自分の思いや考えをまとめている。	言葉を通じて積極的に人と関わったり、思いや考えをまとめたりしながら、言葉がもつよさに気付こうとしているとともに、幅広く読書をし、言葉をよりよく使おうとしている。
第5学年及び第6学年	日常生活に必要な国語の知識や技能を身に付けているとともに、我が国の言語文化に親しんだり理解したりしている。	「話すこと・聞くこと」、「書くこと」、「読むこと」の各領域において、筋道立てて考える力や豊かに感じたり想像したりする力を養い、日常生活における人との関わりの中で伝え合う力を高め、自分の思いや考えを広げている。	言葉を通じて積極的に人と関わったり、思いや考えを広げたりしながら、言葉がもつよさを認識しようとしているとともに、進んで読書をし、言葉をよりよく使おうとしている。

1　知識・技能

〈A評価の例〉

●友達や家族の紹介をするときに、人物の動作や表情を表す言葉を使って、その人物のことがよく分かるように話したり書いたりすることができます。【低】

●お話を音読するときには、よい姿勢で口をはっきり開けて声に出して表現でき、音読発表会では、学習の成果を生かし、響きある声で音読できます。【低】

●物語を創作する学習では、登場人物の性格や考え方が分かるように、人物の様子や行動を工夫して書き表すことができます。【中】

●学校図書館を進んで活用し、楽しんで読書するとともに、自分が疑問に思ったことやもっと追究したいことを調べるために本や図鑑などを利用しています。【中】

●詩や短歌、俳句を鑑賞するときには、表現の中から比喩や反復、擬人法などの表現の工夫を見つけ、その工夫がもたらす効果に気付いています。【高】

●書かれてある内容を整理するために、図や表で表したり、イメージマップで表したりするなど、視覚的に分かるようにしてまとめることができます。【高】

〈B評価の例〉

●お話を読み、感じたことや思ったことなど、自分の気持ちを表す言葉を使って話したり書いたりすることができます。【低】

●挿絵を見て、そこから感じたり思い浮かべたりしたことを、友達と伝え合い、共感し合ったりすることができます。【低】

●字の形に気を付けて、平仮名や片仮名を丁寧に書いています。【低】

●短歌や俳句に関心をもって、音読したり視写したりして、自分のお気に入りの短歌や俳句を暗唱することができます。【中】

●習った漢字を、国語の授業だけではなく、他の教科の中や普段の書く活動の中でも使っていこうとしています。【中】

●読書の習慣が身に付いていて、計画的に読書に親しみ、本を読むことで、自分の考え方が広がったり深まったりしています。【高】

●古文や漢文に関心をもち、言葉の響きやリズムの面白さに気付いて音読することができます。【高】

〈C評価の例〉

●挿絵を見ながら、楽しく遊んだり勉強したりする様子を想像し、話すことができます。【低】

●言葉に興味を持ち始めているので、学校図書館でいろいろな本を読んだり借りたりして、言葉に親しんでいくとよいでしょう。【低】

●文章を書くときには、敬体で表現するか、常体で表現するとよいかを相手や目的から判断して使い分けていくとよいでしょう。【中】

●ローマ字で書かれている身の回りの言葉を見つけてメモに記録しています。【中】

●古文と現代文の違いに興味をもって音読しています。【高】

●難しい語句に出合ったら、国語辞典や漢字辞典を手の届くところに置いておき、すぐに調べていくと、使える語句が増えていくので、辞書や辞典を積極的に活用することを期待しています。【高】

2　思考・判断・表現

〈A評価の例〉

●友達と二人組で対話するとき、相手の話にうなずいたり、相槌を打ったりするなど、反応しながら聞くことができ、「話す」「聞く」立場を理解して、交代しながら話し合うことができます。【低】

●絵に描いたことを友達に説明する学習では、聞き手によく伝わるように、説明の順序に気を付けたり、描いた絵を指さして説明したりするなど工夫することができます。【低】

●生活科の学習でお世話になった町の人に、御礼の気持ちを込めて、「宛名・嬉しかった出来事・感謝の言葉」の順で手紙を書いています。【低】

●三枚の絵を基に簡単な物語を書く活動では、一枚目と結び付けて二枚目の話を考えるなど、物語のおおまかな内容を見通し、工夫して書くことができています。【低】

●物語の学習では、登場人物の行動を中心に、場面の様子を思い浮かべながら「だれが」「どんなことをして」「どうなったか」を捉えることができます。【低】

●説明文の学習では、書かれてある内容を読み、二つのことを比べている文章の組み立てに気付き、書かれてある内容の違いに気付いて読むことができています。【低】

●調べてきたことを発表するときには、相手によく伝わるように、集めた事柄を表にして整理したり、グラフにして表したり工夫して報告できます。【中】

●下級生を聞き手に設定して行ったプレゼンテーションでは、聞き手によく伝わるように、話を大きく三つのまとまりで構成するなど工夫し、写真や絵も活用するなど、見せ方も工夫することができています。【中】

●図書館で調べたことを説明する文章を書くために、問いかけとその答えが書いてある段落同士の関係を捉えて文章構成を工夫し、まとまりのある説明文を書くことができています。【中】

●物語を読み、感想文として自分の思いや考えをまとめる学習では、主人公を変容させた出来事は何か、影響を与えた人物の言動は何かを考え、書きまとめています。【中】

●登場人物の性格や考え方を読み、人物同士の関係を図に表すなどして捉え、場面の移り変わりや情景と人物の言動や気持ちを結び付けて読み深めています。【中】

●記録したものや報告した文章を読み、その文章の一部を引用したり、複数の内容を関係付けたりして、自分が分かったことや考えたことを説明したり意見を発信したりすることができます。【中】

●身近な生活の中のできごとを話題として、自分の意見や提案を話すために、いろいろな情報を集め、分類したり、関係付けたりするなど、吟味し検討しています。【高】

●説得力のある提案にするために、グループで「言いたいことを三点に絞ろう」など検討し合い、常に何のための提案かを意識して学習活動に取り組めています。【高】

●自分の考えを提案するために、題材を新聞やアンケート調査結果から設定し、明確な根拠を示せるように情報を集めるなど、筋道立てた提案文を書くことができます。【高】

●読み手を引き付けたり、納得させたりするために、筆者がどのように論を展開しているか、またどのような表現の工夫をしているかという点に着目して読み進め、筆者の考えに対する自分の考えをしっかりまとめられています。【高】

●「命」（例）をテーマにした読書座談会では、学校図書館を活用して多読し、複数の図書を比較したり関係付けたりして考えをつくり、友達に向けて発信できていました。【高】

〈B評価の例〉

●大事なことを落とさずに聞くために、特徴などを表す言葉をよく聞き取り、短い言葉でメモすることができます。【低】

●学校生活を振り返って、楽しかった思い出を選び、どんなことが楽しかったのか、何を話していたのかを思い出して話題を決めることができます。【低】

●二人組になって、「尋ねる」「答える」といった応答形式でのやり取りができています。【低】

●言葉と言葉、文と文の続き方に気を付けて、読み手に内容が伝わるように、つながりのある文を書くことができます。【低】

●お世話になった方へ宛てて書いた手紙を読み返し、誤字はないか、語と語や、文と文の続き方にあやまりはないかを確かめて、よりよい手紙にしていました。【低】

●物語の学習では、登場人物の行動を時間の順序に沿って読み、場面の様子を想像して発表することができます。【低】

●教師の読み聞かせを聞き、どんなところが気に入ったか、好きだと思ったかなどの感想を友達と伝え合うことができます。【低】

●説明文の学習では、書かれてある事柄の順番を追って読み、表に書きまとめて整理して考えられるようにしています。【低】

●聞いている人によく伝わるように、なぜそう思ったのか理由を示したり、根拠となる具

体的な例を挙げたりして話すことができます。【中】

●段落と段落の関係や続き方に気を付けて、まとまりのある文章を書くことができます。【中】

●調べたことをまとめて書く学習では、「調査目的・方法」→「調査結果」→「調査結果から考えたこと」の文章構成の特徴をつかんで調査報告文を書いています。【中】

●登場人物の会話や行動から、気持ちの変化を想像して物語を読み進めることができています。【中】

●学校図書館を利用して、事典や図鑑から気になったことや面白いと感じたことを基にして、友達や下級生に説明することができます。【中】

●身近な生活の中のできごとから、自分の意見や提案を話すために必要な情報を集め、整理したり分類したりしています。【高】

●季語や決められた音の数を意識して、感じたことや想像したことを短歌や俳句で表現することができます。【高】

●気に入った人物の伝記を読み、感動したことや考えさせられたことなどから、自分の生き方に生かしていきたいことをはっきりさせて感想を話すことができます。【高】

●自分が調べたいことを、学校図書館にある図書や新聞などを利用して調べることができます。【高】

〈C評価の例〉

●お話の中に登場する人物が誰なのかを話すことができます。【低】

●書いたものを、自分で読み返し、間違った字を使っていないか、文のつながりがおかしくないかなどに気を付けて、確かめるようにするとよいでしょう。【低】

●身の回りの事柄から伝えようとする話題を集めることができているので、さらに必要となる事柄を選んだり、絞ったりしていくとよいでしょう。【中】

●想像したことから物語を書くために、学校図書館を活用して、本に親しむ習慣を付けるようにしています。【中】

●話の内容が、はっきりするように、事実と自分の感想や意見を区別して話したり書いたりするとよいでしょう。【高】

●登場人物同士の関係を捉え、心情を想像するためには、書かれてあることを基にするとよいでしょう。そのために読書の習慣を付けることを期待しています。【高】

3 主体的に学習に取り組む態度

〈A評価の例〉

●漢字の学習に興味をもち、学習のまとめでは、それまでの学習を活用して問題文を考え

たり、仲間の漢字を集めて表にまとめたりするなど工夫しています。【低】

●進んで読書をする姿が見られ、図書館に行き、学習に役に立ちそうな本を借りたり、学校司書の先生に質問したりするなど、意欲的に学習に向かっています。【低】

●文章中の大事な言葉をもとにして学習を進めていましたが、途中からは、さらに文章の組み立てにも目を向けて、学習方法を見直すことができていました。【中】

●授業で行った「朗読会を開こう」の学習の成果を、保護者の方や地域の方に向けて発信したいと企画し、自分の学びを広げていこうと積極的な姿勢が見られます。【高】

●学習を終えて、学習の成果は何かを振り返り、自分に付いた国語の力について考えていました。その力を、次の学習に向けて、どのように生かしていくべきかという点にまで考えを広げることができています。【高】

〈Ｂ評価の例〉

●学習してきたことについて、理由を添えて楽しかったことを紹介することができています。【低】

●お話づくりに取り組んだ学習の方法を広げていき、自分で工夫した紙芝居を作って、進んで友達に紹介する意欲的な様子が見られました。【低】

●学習の振り返りをして、この学習を通して自分ができるようになったことは何かを考えて見つめ直すことができています。【中】

●毎時間の学習の振り返りでは、めあてをきちんと意識して、自分の達成度を見つめている様子が見られます。【中】

●学習のまとめでは、その時間のめあてに沿って、何ができるようになったのかを考えて学習の振り返りができています。【高】

●学習の内容がしっかりできたかどうかだけではなく、めあてが達成できるような学習計画が立てられていたかどうかという面も振り返って考えることができています。【高】

〈Ｃ評価の例〉

●平仮名や片仮名の練習を、毎日少しずつ取り組み、使ってみようとする様子が見られるようになってきています。【低】

●苦手としていた絵日記ですが、友達にほめられたことから、続けようとしています。【低】

●調査報告文で使用したい情報を集めるのに苦労していましたが、学校司書の先生のアドバイスで、本を使って書き上げようとしていました。【中】

●学習を振り返り、課題が解決できたのはどんな学習の仕方をしたからかを考えるようにしていくと次の学習につながっていくようになります。【中】

●読書の習慣が定着するように計画的に取り組めることを期待しています。【高】

④　"学びを変える" ためのアセスメント

　国語科は、今回の学習指導要領改訂において、他教科と同様に、資質・能力の三つの柱に基づいて整理された。そこで大きく変わったのが、目標と内容である。実際の学習内容・指導事項の育成という点では、大きな変更はないが、言語能力の育成面からみると、大きく5点の改善が図られた。そのような点を重視して、子どもたちの学びを支援するための指導改善を目指したい。

①　質の高い言語活動を設定した単元構想の工夫

　国語科は言語活動を通して資質・能力を育成するので、どのような言語活動を設定するかが重要となる。学習指導要領解説の〈思考力・判断力・表現力等〉の各領域に具体的な言語活動例が示されているが、ポイントとなるのは、その授業で育成する資質・能力と言語活動が一致していることである。さらに、子どもたち自身が自分の学びを自覚化できること、自らやってみたいと思える言語活動であること、具体的にイメージできるものであることなどが大切である。

②　必然性のある学習課題の設定

　子どもたちに付けたい資質・能力を明確にし、指導のねらいを達成するために学習課題を設定しているが、この学習課題を設定するうえで、大切にしたいことは、子どもたちにとって「必然性のあるもの」となっていることである。必然性が成立していれば、子どもたちは課題解決に向けて「どのような学習方法が適しているか」「どのような情報を収集し、整理していけばよいか」など主体的に学ぶことが可能となる。一人一人の子どもたちにとって、価値のある学び甲斐ある学習課題にすることである。教師側が一方的に設定することなく、導入時に教材との出合わせ方の工夫が重要な鍵となる。カリキュラム・マネジメントの観点からみても、他教科・他領域と連携を図った学習課題設定も工夫したい。

③　資質・能力を育むための学習プロセス

　国語科の授業では、当然、言語活動を行って初めて成立するが、留意すべきことは、この言語活動に思考力を働かせるプロセスがどのように機能しているかを意識していることである。活動主義に陥らぬよう、例えば、課題設定→学習計画立案→情報収集選択→情報分析検討→情報交流評価→表現発信→学習の振り返りといった学習プロセスを自覚させて資質・能力を確かに育んでいきたいと考える。そのプロセスの中で「主体的・対話的で深い学び」の実現を目指していく。

●参考文献
水戸部修治著『小学校新学習指導要領　国語の授業づくり』明治図書、2018年
井上一郎著『小学校国語科「話すこと・聞くことのエクササイズ」』明治図書、2019年
『初等教育資料』2019年5月号・9月号「特集 I 」東洋館出版社

社　会

●評価の観点及びその趣旨（指導要録）

（1）評価の観点及びその趣旨

観点	知識・技能	思考・判断・表現	主体的に学習に取り組む態度
趣旨	地域や我が国の国土の地理的環境、現代社会の仕組みや働き、地域や我が国の歴史や伝統と文化を通して社会生活について理解しているとともに、様々な資料や調査活動を通して情報を適切に調べまとめている。	社会的事象の特色や相互の関連、意味を多角的に考えたり、社会に見られる課題を把握して、その解決に向けて社会への関わり方を選択・判断したり、考えたことや選択・判断したことを適切に表現したりしている。	社会的事象について、国家及び社会の担い手として、よりよい社会を考え主体的に問題解決しようとしている。

（2）学年・分野別の評価の観点の趣旨

観点＼学年	知識・技能	思考・判断・表現	主体的に学習に取り組む態度
第3学年	身近な地域や市区町村の地理的環境、地域の安全を守るための諸活動や地域の産業と消費生活の様子、地域の様子の移り変わりについて、人々の生活との関連を踏まえて理解しているとともに、調査活動、地図帳や各種の具体的資料を通して、必要な情報を調べまとめている。	地域における社会的事象の特色や相互の関連、意味を考えたり、社会に見られる課題を把握して、その解決に向けて社会への関わり方を選択・判断したり、考えたことや選択・判断したことを表現したりしている。	地域における社会的事象について、地域社会に対する誇りと愛情をもつ地域社会の将来の担い手として、主体的に問題解決しようとしたり、よりよい社会を考え学習したことを社会生活に生かそうとしたりしている。
第4学年	自分たちの都道府県の地理的環境の特色、地域の人々の健康と生活環境を支える働きや自然災害から地域の安全を守るための諸活動、地域の伝統と文化や地域の発展に尽くした先人の働きなどついて、人々の生活との関連を踏まえて理解しているとともに、調査活動、地図帳や各種の具体的資料を通して、必要な情報を調べまとめている。	地域における社会的事象の特色や相互の関連、意味を考えたり、社会に見られる課題を把握して、その解決に向けて社会への関わり方を選択・判断したり、考えたことや選択・判断したことを表現したりしている。	地域における社会的事象について、地域社会に対する誇りと愛情をもつ地域社会の将来の担い手として、主体的に問題解決しようとしたり、よりよい社会を考え学習したことを社会生活に生かそうとしたりしている。

第5学年	我が国の国土の地理的環境の特色や産業の現状、社会の情報化と産業の関わりについて、国民生活との関連を踏まえて理解しているとともに、地図帳や地球儀、統計などの各種の基礎的資料を通して、情報を適切に調べまとめている。	我が国の国土や産業の様子に関する社会的事象の特色や相互の関連、意味を多角的に考えたり、社会に見られる課題を把握して、その解決に向けて社会への関わり方を選択・判断したり、考えたことや選択・判断したことを説明したり、それらを基に議論したりしている。	我が国の国土や産業の様子に関する社会的事象について、我が国の国土に対する愛情をもち産業の発展を願う国家及び社会の将来の担い手として、主体的に問題解決しようとしたり、よりよい社会を考え学習したことを社会生活に生かそうとしたりしている。
第6学年	我が国の政治の考え方と仕組みや働き、国家及び社会の発展に大きな働きをした先人の業績や優れた文化遺産、我が国と関係の深い国の生活やグローバル化する国際社会における我が国の役割について理解しているとともに、地図帳や地球儀、統計や年表などの各種の基礎的資料を通して、情報を適切に調べまとめている。	我が国の政治と歴史及び国際理解に関する社会的事象の特色や相互の関連、意味を多角的に考えたり、社会に見られる課題を把握して、その解決に向けて社会への関わり方を選択・判断したり、考えたことや選択・判断したことを説明したり、それらを基に議論したりしている。	我が国の政治と歴史及び国際理解に関する社会的事象について、我が国の歴史や伝統を大切にして国を愛する心情をもち平和を願い世界の国々の人々と共に生きることを大切にする国家及び社会の将来の担い手として、主体的に問題解決しようとしたり、よりよい社会を考え学習したことを社会生活に生かそうとしたりしている。

1 知識・技能

〈A評価の例〉

●市の様子の学習では、航空写真と地図を調べるだけでなく、「自分たちの学校のまわり」の調べを生かして白地図にまとめることができました。身近な地域から空間を広げ、市の特色を理解するなど、いろいろな角度から市の様子を捉えることができました。【中】

●生産の仕事の学習では、野菜ができるまでの作業の順番にこだわり、農家の人に質問することができました。給食で野菜を食べるときに「野菜を見る目が変わった」という発言が聞かれるなど、自分たちの生活とのつながりを理解していることがうかがえました。【中】

●市の様子の移り変わりの学習では、資料や聞き取り調査からわかったことを年表にまとめたり、昔と今の地図の違いを書き出したりして、市の様子が変わってきたことを理解することができました。【中】

●水の学習では、見学や資料からわかったことを図表にまとめたことで、必要な量をいつでも安全に使えるようにするために、様々な機関が協力関係にあることを理解することができました。【中】

●県内の伝統や文化の学習では、県内に古くから残る祭りについて調べました。祭りができた背景には、地域の発展を願う多くの人の思いが込められていることを知り、続けているわけを理解することができました。【中】

●国土の様子の学習では、地図帳や地球儀を用いながら、世界の中の日本の位置関係や領

土の範囲などを調べました。気が付いたことを友達と相談しながら白地図に書き込み、概要や特色を理解することができました。【高】

●水産業の学習では、魚を届ける工夫や努力について調べました。輸送には費用が発生することを知り、価格が高くなる仕組みを生活とつなげて理解することができました。【高】

●政治の働きの学習では、自ら集めた資料を基に日本国憲法について調べるだけでなく、身近な事例と関連付けながら理解を図る姿が見られました。また、国や県の政治は、生活と密接な関係があり、国民の意思が働いていることを理解することができました【高】

●室町時代の学習では、雪舟により水墨画が生み出されたことなどを調べたり、水墨画を体験したりして、室町文化が今も生活に残っていることを理解できました。【高】

〈B評価の例〉

●市の様子の学習では、航空写真から学校や市役所の場所を中心に調べ、地図記号を使いながら白地図にまとめ、○○市の特色を理解することができました。【中】

●生産の仕事の学習では、市内で作られる野菜を資料で調べ、友達と協力しながら白地図にまとめることができました。【中】

●市の様子の移り変わりの学習では、資料や聞き取り調査からわかったことを年表にまとめ、市の様子が変わってきたことを理解しました。【中】

●自然災害から人々を守る学習では、聞き取り調査をし、過去の自然災害だけでなく、これから起こることが予想される自然災害に向けて、備えていることを理解しました。【中】

●県内の特色ある地域の様子の学習では、外国からの観光客が多い○○市と交流している国をコンピュータで調べ、国旗を使ってわかりやすく白地図にまとめることができました。【中】

●農業の学習では、米づくりについて調べました。写真やグラフから、土地や気候と米づくりのつながりを理解することができました。【高】

●産業と情報の関わりの学習では、市のホームページを活用して情報通信技術の発展を調べ、情報がまちづくりに生かされていることを理解しました。【高】

●政治の働きの学習では、国会、内閣、裁判所についてそれぞれの役割を調べるだけでなく、三つの関係を表す図からつながりを理解することができました。【高】

●室町時代の学習では、水墨画を体験したり、資料で調べたりすることを通して、雪舟のすごさや水墨画の素晴らしさを実感しながら理解することができました。【高】

〈C評価の例〉

●市の様子の学習では、地図帳で調べながら市役所の場所を確認することができました。市役所の働きについて、資料から調べ、理解しようと取り組みました。【中】

●生産の仕事では、資料でかまぼこの作り方を調べました。「どのような順序で作られているか」と問いかけると、友達と相談しながら工程をまとめることができました。【中】

●47都道府県の名称と位置の学習では、苦手意識を克服しながら自分の関わりのある県を発見したり、ニュースに出てくる場所を調べたりして取り組むことができました。【中】

●国土の様子の学習では、東西南北の端にある島に焦点をあて、領土の範囲について大まかに知ることができました。地図帳とともに、地球儀で調べることにも挑戦しています。【高】

●世界の中の日本を考える学習では、オリンピックの具体的な事例を通して考えたことで、異なる文化や習慣を尊重し合うことについて理解が進みました。わかりづらいときには、「例えばなんだろう」と具体例を思い浮かべ、考えることに取り組んでいます。【高】

2　思考・判断・表現

〈A評価の例〉

●工場で働く人の学習では、作る工程だけでなく、作った後に自分の家までどのように届くのか考えました。白地図には、生産と生活のつながりを上手に表現し、友達に説明することができました。【中】

●地域の安全を守る学習では、地域や自分たちの安全を守るために、事件に巻き込まれない行動の仕方について討論しました。全校生に伝えるポスターには、関係機関と地域の人々の取り組み、自分たちのできることが描かれており、討論の成果が感じられました。【中】

●市の移り変わりの学習では、人口や土地利用の変化に着目し、市や人々の生活の様子を考えました。また、現在までの移り変わりだけでなく、市役所の資料を基に未来について討論会を開き、自分や市の在り方について考え、決意文に表現することができました。【中】

●廃棄物の学習では、生活環境をよりよくするためにきまりがあることに気が付きました。一人でよりよくすることは難しいことから、ごみの減量の工夫など自分たちでできることを考え、新聞で発信することができました。【中】

●自然災害から人々を守る学習では、県内で過去に起こった自然災害を調べ、被害状況に驚いていました。資料から、起こった後、いろいろな人が協力していることに気付き、日頃の準備だけでなく、災害発生後の連携が大切であることを力説していました。【中】

●国土の様子と国民生活の学習では、低い土地に住む人々の生活と、暖かい土地に住む

人々の生活の共通点をベン図にまとめ、人々は自然環境に適応しながら工夫や努力をして生きていることを具体的な事例とともに説明することができました。【高】

●食料生産の学習では、食料自給率の低下と食生活の変化の関係に着目し、消費者と生産者の立場から多角的に考えることで、日本の食料生産の課題を見出しました。【高】

●政治の働きの学習では、国会と内閣と裁判所の関係を矢印で表しながら考え、国民や自分たちのくらしとのつながりを意識しながら説明することができました。【高】

●世界の中の日本を考える学習では、学んだことを生かしながら、今後国際社会において日本が果たすべき役割を考えました。友達の発言に「それもわかるけれど……」と葛藤し、多角的に分析しながら自分の考えを広げることができました。【高】

〈B評価の例〉

●市の様子の学習では、県全体の地図の中から自分たちの住む市の位置や大きさに着目しながら調べ、「○○市と比べて……」と、比較したり関連付けたりしながら友達に説明する姿が見られました。【中】

●販売の仕事の学習では、消費者である自分たちの願いだけでなく、お店の人の願いを調べました。お店の工夫が自分たちの願いとつながっていることを発見し、図で示しながら説明することができました。【中】

●先人の働きの学習では、年表から当時の社会の様子を想像し、社会に見られた課題と先人の働きがつながっていることを説明することができました。【中】

●食料生産の学習では、食料自給率の低下と食生活の変化の関係に着目し、外国からの輸入が増加している意味を考えることができました。【高】

●政治の働きの学習では、国会と内閣と裁判所の関係を矢印で表しながら考え、説明することができました。【高】

●グローバル化する世界と日本の役割を考える学習では、調べたことを基に、日本の文化や習慣と違う世界の人々と共に生きていくために大切なポイントを三つにしぼり、表現することができました。【高】

〈C評価の例〉

●市の様子の移り変わりの学習では、一つの資料にこだわって考えていました。二つの地図を比べ、違いを探してみることを促すと、駅の有無を発見することができ、移り変わりについて考えることができるようになってきました。【中】

●生産の仕事の学習では、工場見学に行きました。どのような順番で製品が作られているのかに集中することで、仕事の工程の工夫について発見することができました。【中】

●農業の学習では、日本の農業の現状を改善するために、消費者としての自分の考えを発表することができました。友達の考えを聞きながら、生産者としてはどうすればよいか、考えようとしていました。【高】

●江戸時代の学習では、徳川家光の政策のねらいを図にまとめました。家光が行ったことにより社会がどのように変化したのか考えることができました。友達の考えを生かしながら、変化から家光のねらいに迫ろうとしていました。【高】

●グローバル化する世界と日本の役割を考える学習では、日本の文化や習慣と違う国の人々と、共に生きていくためにどうすればよいか考え、自分なりにまとめました。【高】

③ 主体的に学習に取り組む態度

〈A評価の例〉

●市の様子の学習では、「学校の横にある大きな道はどこにつながっているのか」という問いから予想を立て、市全体の様子を追究することができました。明らかにしたいという強い意志と、粘り強い態度が随所に見られました。【中】

●安全を守る働きの学習では、常に学習問題とつなげて考え、解決しようとする姿が見られました。解決をしていく過程で、新たな課題が生まれ、学習問題を見直すなど、自分で計画を立てながら追究することができました。【中】

●廃棄物の学習では、学習問題の解決に向けて、経験と結びつけた予想を多く発表し、個人だけでなく学級全体で学習の見通しをもとうとする姿が見られました。【中】

●水の学習では、学習したことを振り返りながら、「一人でも多くの人と実践しなければ意味がない」と気が付きました。限りある水を大切にしていく方法を考えたり、友達と話し合ったりしたことをポスターに表し、全校生に呼びかけることができました。【中】

●農業の学習では、米づくりにおけるICTの活用など新たな取り組みを知ることで、「米づくりの課題を解決するための方法を考えよう」と新たな課題を学習計画に組み込み、未来志向で追究する態度が見られました。【高】

●政治の働きの学習では、身近なことや5年生までの学習とつないで学習問題を創出し、解決に向けて予想したことを基に計画を立て、見通しをもつ姿が見られました。【高】

●室町文化の学習では、今でも文化が受け継がれていることに気付くとともに、受け継いできた人たちの思いを考えていました。今後も文化を大切にしていきたいという強い思いをノートから読み取ることができました。【高】

●歴史学習では、過去の出来事と現在の自分たちの生活や社会との関連を考えるだけでなく、歴史から学んだことを今後どのように生かしていくべきかなど、国家や社会の発展を考えようとする姿が見られました。【高】

〈B評価の例〉

●市の様子の学習では、「前の〜を使えそうだ」と、学校の周りの学習で学んだことを生かして追究する態度が見られました。【中】

●安全を守る働きの学習では、警察署が事故や事件からどのように地域の安全を守っているのか予想し、解決に向けて調べる計画を立てることができました。【中】

●自然災害から人々を守る学習では、自然災害への備えや対処について、自分の住んでいる地域において、自分にできることとできないことを分けながら、考えをまとめていました。【中】

●国土の環境の学習では、昔と今の写真から「どのように環境が改善されたのか」と、問いを見出し、生活経験やこれまでの学びを生かして予想し、解決に向けての学習計画を立てることができました。【高】

●室町文化の学習では、今も受け継がれていることを身の回りのものから気付き、今後も文化を大切にしていこうとする態度が見られました。【高】

●世界の中の日本の学習では、世界の人々と生きていくために大切なことについて、学んできたことを基に考えようとする姿が見られました。【高】

〈C評価の例〉

●販売の学習では、スーパーマーケットに並ぶ野菜の産地を調べ、外国産であることを発見しました。「場所はどこか」と問いかけると、地図帳で調べて明らかにしようとする姿が見られました。【中】

●県内の伝統や文化の学習では、年表をもとに古くから伝わる○○祭について調べました。「どうして年表で調べているの？」と問いかけると、問題を把握することができ、追究意欲の高まりが見られました。「何のために」という目的の確認を習慣化しています。【中】

●日本の国土と世界の国々の学習では、覚えることに負担を感じていました。世界の主な国々や日本の場所、国土の大きさなど、地図帳や地球儀を使って発見的に学ぶことで、調べることへの意欲の高まりが見られました。【高】

●歴史学習では、過去の出来事から学んだことを自分なりに整理していました。友達の学びに耳を傾けながら、今の生活につなげていこうとする姿が見られました。【高】

●世界の中の日本の学習では、世界の人々と生きていくために大切なことについて、考えようとする姿が見られました。「どうしてそのことを大切にしたいの？」と問いかけることで、事実をもとに考えることができつつあります。【高】

4 　"学びを変える" ためのアセスメント

① 　社会科の本質につながるコメント

　コメントするときのポイントは、枝葉ではなく、根や幹となるところを見極め、意識づけていくことである。社会科の本質につながるコメントだからこそ、その後も継続された

り、学ぶ方向を変えたりし、社会科の学びが深まっていくのである。

　社会科は、資料を集めて読み取り、社会的事象の様子を具体的に理解すること、また、調べまとめたことを基に考え、社会的事象に意味や特色を考え、理解することが大切である。

　「知識・技能」としては、「～を調べ、～をまとめ、～を理解している」というように、知識、技能だけの評価に偏らず、知識と技能を関連づけてコメントすることがポイントである。

　「思考・判断・表現」としては、「～に着目して、～を捉え、～と考え、～と表現している」という学習状況を捉えてコメントしたい。見方・考え方を働かせて資質・能力の育成を図る観点から「～に着目して、問いを見いだし、～と考え、表現する」という追究場面と、「比較・関連・総合して特色や意味を考える」場面、「社会への関わりを選択・判断する」場面に意識が向くようにコメントすることがポイントである。

　「主体的に学習に取り組む態度」としては、社会的事象について、見通しを立てたり、それを見直したりして学習の問題を追究・解決する「主体的に問題解決しようとする態度」と、学習したことを基に、自分たちにできることなどを考えようとしたり、選択・判断しようとしたり、様々な立場から多角的に発展を考えようとしたりする「よりよい社会を考え、学習したことを社会生活に生かそうとする態度」という「社会的態度」の二つの態度についてコメントし、意識づけたい。

　社会科の本質とつなげつつ、保護者や子どもに伝わるように、どのような学習活動の「場面」か、どのように学んだ「状況」か、どのように「変容」したのか（期待しているのか）、の三つの要素で具体的に描写すると伝わりやすくなる。

② 　二つの問い直し

　学びを変えるには、「問い直す」ことである。ここでは、二つ紹介したい。

　一つ目は、単元での問い直しである。単元の終盤で「今のままで大丈夫か」「解決していく課題はないか」と問い、「改善できることは何か」「自分ができることは何か」と、学習したことを土台として課題を見直す機会を充実させることである。社会生活の理解に留まることなく、未来志向で問い直し、社会との関わりをより一層意識できるようにしたい。

　二つ目は、日々の授業での問い直しである。子どもが考えを述べたら、「何を基に考えたの？」「例えば？」と、事実とつなげられるよう問い直す。「～がある」と、事実だけを述べる子には、「それから何が言えるの？」「つまり？」と問い直し、解釈を述べられるようにしていく。事実と解釈の往復が活性化するよう日常的に問い返すことで、「○○さんの考えって面白い！」「その事実から、～とは考えもしなかった！」と、児童の解釈の多様さが認められ、豊かな学び、豊かな学級・学校生活につながることをねらいたい。

算　数

●評価の観点及びその趣旨（指導要録）

（1）評価の観点及びその趣旨

観点	知識・技能	思考・判断・表現	主体的に学習に取り組む態度
趣旨	・数量や図形などについての基礎的・基本的な概念や性質などを理解している。 ・日常の事象を数理的に処理する技能を身に付けている。	日常の事象を数理的に捉え、見通しをもち筋道を立てて考察する力、基礎的・基本的な数量や図形の性質などを見いだし統合的・発展的に考察する力、数学的な表現を用いて事象を簡潔・明瞭・的確に表したり目的に応じて柔軟に表したりする力を身に付けている。	数学的活動の楽しさや数学のよさに気付き粘り強く考えたり、学習を振り返ってよりよく問題解決しようとしたり、算数で学んだことを生活や学習に活用しようとしたりしている。

（2）学年別の評価の観点の趣旨

観点／学年	知識・技能	思考・判断・表現	主体的に学習に取り組む態度
第1学年	・数の概念とその表し方及び計算の意味を理解し、量、図形及び数量の関係についての理解の基礎となる経験を積み重ね、数量や図形についての感覚を豊かにしている。 ・加法及び減法の計算をしたり、形を構成したり、身の回りにある量の大きさを比べたり、簡単な絵や図などに表したりすることなどについての技能を身に付けている。	ものの数に着目し、具体物や図などを用いて数の数え方や計算の仕方を考える力、ものの形に着目して特徴を捉えたり、具体的な操作を通して形の構成について考えたりする力、身の回りにあるものの特徴を量に着目して捉え、量の大きさの比べ方を考える力、データの個数に着目して身の回りの事象の特徴を捉える力などを身に付けている。	数量や図形に親しみ、算数で学んだことのよさや楽しさを感じながら学ぼうとしている。
第2学年	・数の概念についての理解を深め、計算の意味と性質、基本的な図形の概念、量の概念、簡単な表とグラフなどについて理解し、数量や図形についての感覚を豊かにしている。 ・加法、減法及び乗法の計算をしたり、図形を構成したり、長さやかさなどを測定したり、表やグラフに表したりすることなどについての技能を身に付けている。	数とその表現や数量の関係に着目し、必要に応じて具体物や図などを用いて数の表し方や計算の仕方などを考察する力、平面図形の特徴を図形を構成する要素に着目して捉えたり、身の回りの事象を図形の性質から考察したりする力、身の回りにあるものの特徴を量に着目して捉え、量の単位を用いて的確に表現する力、身の回りの事象をデータの特徴に着目して捉え、簡潔に表現したり考察したりする力などを身に付けている。	数量や図形に進んで関わり、数学的に表現・処理したことを振り返り、数理的な処理のよさに気付き生活や学習に活用しようとしている。

第3学年	・数の表し方、整数の計算の意味と性質、小数及び分数の意味と表し方、基本的な図形の概念、量の概念、棒グラフなどについて理解し、数量や図形についての感覚を豊かにしている。 ・整数などの計算をしたり、図形を構成したり、長さや重さなどを測定したり、表やグラフに表したりすることなどについての技能を身に付けている。	数とその表現や数量の関係に着目し、必要に応じて具体物や図などを用いて数の表し方や計算の仕方などを考察する力、平面図形の特徴を図形を構成する要素に着目して捉えたり、身の回りの事象を図形の性質から考察したりする力、身の回りにあるものの特徴を量に着目して捉え、量の単位を用いて的確に表現する力、身の回りの事象をデータの特徴に着目して捉え、簡潔に表現したり適切に判断したりする力などを身に付けている。	数量や図形に進んで関わり、数学的に表現・処理したことを振り返り、数理的な処理のよさに気付き生活や学習に活用しようとしている。
第4学年	・小数及び分数の意味と表し方、四則の関係、平面図形と立体図形、面積、角の大きさ、折れ線グラフなどについて理解している。 ・整数、小数及び分数の計算をしたり、図形を構成したり、図形の面積や角の大きさを求めたり、表やグラフに表したりすることなどについての技能を身に付けている。	数とその表現や数量の関係に着目し、目的に合った表現方法を用いて計算の仕方などを考察する力、図形を構成する要素及びそれらの位置関係に着目し、図形の性質や図形の計量について考察する力、伴って変わる二つの数量やそれらの関係に着目し、変化や対応の特徴を見いだして、二つの数量の関係を表や式を用いて考察する力、目的に応じてデータを収集し、データの特徴や傾向に着目して表やグラフに的確に表現し、それらを用いて問題解決したり、解決の過程や結果を多面的に捉え考察したりする力などを身に付けている。	数学的に表現・処理したことを振り返り、多面的に捉え検討してよりよいものを求めて粘り強く考えたり、数学のよさに気付き学習したことを生活や学習に活用しようとしたりしている。
第5学年	・整数の性質、分数の意味、小数と分数の計算の意味、面積の公式、図形の意味と性質、図形の体積、速さ、割合、帯グラフなどについて理解している。 ・小数や分数の計算をしたり、図形の性質を調べたり、図形の面積や体積を求めたり、表やグラフに表したりすることなどについての技能を身に付けている。	数とその表現や計算の意味に着目し、目的に合った表現方法を用いて数の性質や計算の仕方などを考察する力、図形を構成する要素や図形間の関係などに着目し、図形の性質や図形の計量について考察する力、伴って変わる二つの数量やそれらの関係に着目し、変化や対応の特徴を見いだして、二つの数量の関係を表や式を用いて考察する力、目的に応じてデータを収集し、データの特徴や傾向に着目して表やグラフに的確に表現し、それらを用いて問題解決したり、解決の過程や結果を多面的に捉え考察したりする力などを身に付けている。	数学的に表現・処理したことを振り返り、多面的に捉え検討してよりよいものを求めて粘り強く考えたり、数学のよさに気付き学習したことを生活や学習に活用しようとしたりしている。

第6学年	・分数の計算の意味、文字を用いた式、図形の意味、図形の体積、比例、度数分布を表す表などについて理解している。 ・分数の計算をしたり、図形を構成したり、図形の面積や体積を求めたり、表やグラフに表したりすることなどについての技能を身に付けている。	数とその表現や計算の意味に着目し、発展的に考察して問題を見いだすとともに、目的に応じて多様な表現方法を用いながら数の表し方や計算の仕方などを考察する力、図形を構成する要素や図形間の関係などに着目し、図形の性質や図形の計量について考察する力、伴って変わる二つの数量やそれらの関係に着目し、変化や対応の特徴を見いだして、二つの数量の関係を表や式、グラフを用いて考察する力、身の回りの事象から設定した問題について、目的に応じてデータを収集し、データの特徴や傾向に着目して適切な手法を選択して分析を行い、それらを用いて問題解決したり、解決の過程や結果を批判的に考察したりする力などを身に付けている。	数学的に表現・処理したことを振り返り、多面的に捉え検討してよりよいものを求めて粘り強く考えたり、数学のよさに気付き学習したことを生活や学習に活用しようとしたりしている。

1　知識・技能

〈A評価の例〉

●お話の問題場面を絵や式に表したり、日常生活で探した数量について、たし算やひき算の式に表したりすることができます。【低】

●身の回りにある箱、筒、ボールなどの立体について、立体の面の形に着目して、「さんかく」「しかく」「まる」などの形を見つけることができます。【低】

●折り紙やロープなどの具体物を使って、2分の1、4分の1、8分の1の大きさをつくる活動を通して、分数の意味を理解できています。【低】

●図形のかき方や角度の測り方がよく分かり、用語や記号も正しく使えます。【中】

●比べる方法には、差の考え方以外にも割合（倍）の考え方があることに気付き、「割合」を言葉、テープ図や数直線などの図、式を用いて求めることができます。【中】

●筆算だけではなく、「2けた×1けた」の計算は、計算の工夫をして暗算でできます。【中】

●大きさを比べる活動では、小数の0.1と分数の10分の1を同一の数直線上に表し、小数と分数を関連付けて捉えることができています。【中】

●分数の意味には、はしたの大きさ、量の大きさ、割合や商を表す意味があることを理解し、分母が異なる分数のたし算やひき算は、通分をして計算することができます。【高】

●合同な三角形、四角形によって平面に敷き詰めた図形の中に、ほかの図形を認めたり、

平行線の性質に気付いたりすることができ、図形についての見方や感覚が豊かです。【高】

●身の回りから、伴って変わる二つの数量を探し、それらの関係に着目し、表や式を用いて、変化や対応の特徴を考察することで、比例の関係を見いだすことができます。【高】

〈B評価の例〉

●ものの個数を比べるときに、それぞれの個数を数えていましたが、1対1の対応を付けることで、個数の大小を比べることができることに気付いてからは、生活の場面でも対応する考え方を使うことができています。【低】

●100までの数を数え棒を使って一つずつ数えていました。まとめて数えるよさに気付いて、たくさんのものを数えるときに2ずつ、5ずつ、10ずつなど幾つかのまとまりで手際よく数えることができます。【低】

●長さ、広さなどの量を調べるときに、直接重ね合わせたり、写し取ったりと実際に具体的な操作によって、比べることができます。【低】

●方眼紙や三角定規を用いて、直角三角形、正方形、長方形が正しくかけるようになりました。線のひき方もていねいにかけています。【中】

●「3けた÷2けた」の計算では、見当を付けた商が大きかったり、小さかったりしたとき、何度も商を修正しながら答えを求めていましたが、今では、見当を付けた商を修正する回数を減らして、答えを求めることができるようになっています。【中】

●最初は、教室の大きさや、廊下のロッカーの長さを1mのものさしを使って、友達と計っていましたが、最後には自分一人でも、「これは2mと80cmです」と正しく測りとり、長さの単位を使い分けて記録できるようになっています。【中】

●「整数÷分数」「分数÷分数」の計算の仕方を理解し、くりかえし計算をして、計算の仕方を身に付けることができています。【高】

●放課後の補習の時間にドリルをくりかえし行い、小数に整数をかける計算、小数や整数を整数でわる計算が、筆算形式でできるようになっています。【高】

●「単位量あたりの大きさ」の込み具合では、求めた計算の答えの数値が何を意味しているのかを理解するのが難しかったですが、図を用いて数値の意味を考えていくことで、理解ができるようになっています。【高】

〈C評価の例〉

●たし算やひき算の計算問題は、できるようになってきました。文章問題の問題場面を理解することに、難しさを感じています。まずは、問題場面のお話を絵にかくことから始めて、問題場面を想像できるようにしていくとよいでしょう。【低】

●繰り上がりのたし算では、実際にブロックを使い、10をつくる操作を一緒にすることで、自分で繰り上がりのたし算ができるようになってきています。【低】

●コンパスの使い方に難しさを感じています。ねじをしっかり締めて芯を固定すること、平らなところで中心をまっすぐさして、軽く回すことなどを指導しました。これからの学習で円をかくときだけでなく、等しい長さを測り取ったり、長さを比べたりする場面でもコンパスを活用し、慣れていきましょう。【中】

●学習した内容や計算のやり方は理解できていますが、小数点のつけ忘れや、答えに単位を書かないなどのうっかりミスがあります。見直しや確かめる学習習慣を身に付けていきましょう。【中】

●縮図と拡大図をかくのに難しさを感じていました。作図を観察することで、対応している角の大きさは全て等しいことや対応している辺の長さの比はどれも一定である特徴に気付き、上手にかけるようになってきています。【高】

●分数のかけ算では、たし算と同じように通分をしてしまうことがありました。もう一度、分数のたし算、ひき算とかけ算の意味と計算の仕方を振り返って、これからも家での教科書の復習を続けましょう。【高】

2 思考・判断・表現

〈A評価の例〉

●12のような一つの数を10＋2や3×4などのように他の数の式として見ることができます。【低】

●5の段の九九の式になる問題では、答えの求め方を、式や絵、図をかいて友達に分かるように説明することができます。【低】

●かける数が1増えれば答えはかけられる数だけ増えることや、かけ算のきまりを活用して、かけ算の九九をつくることができます。【低】

●色板などを使って身の回りにある具体物の形をつくったり、逆につくった形から具体物を想像したりすることができます。【低】

●10のかたまりを作り、それをさらに10で束ねることを繰り返して大きな数を捉えてきた学習経験を使って、1万より大きな数の表し方を自ら考えだすことができます。【中】

●コマ作りや玉入れゲームのコート作りをしながら、一点から等しい点の集まりが「円」になることを見つけ、学習シートにまとめることができます。【中】

●資料の集計に当たって、落ちや重なりの誤りが起きにくいように数えたデータに色や印をつける工夫などを考えながら、表に整理することができます。【中】

●正方形や長方形の面積では、個数を手際よく求めるためにどうしたらよいかと考え、正方形が規則正しく並んでいることに着目し、かけ算の計算を用いて面積を求めることができます。【中】

●小数のかけ算やわり算の計算では、これまでの学習で学んだかけ算とわり算に関して成り立つ性質をいかして、計算の仕方を考えることができます。【高】

●データの特徴や傾向に着目し、選んだグラフで表現した結果から何が言えるかということを批判的に考察できます。【高】

●シュートのうまさを考えるとき、投げた回数と入った回数に着目して、数量関係を比較する際に「差で比べる」考え方だけでなく、「割合（倍）で比べる」考え方があることに気付き、この考え方で比べることができます。【高】

●第4学年までに学習してきた長方形や正方形の面積の求め方をいかして、新しく出合う三角形や平行四辺形などの面積を自ら工夫して求めることができます。【高】

〈B評価の例〉

●たし算とひき算では、計算の仕方を考えることができ、どうしてそれでよいのかという説明がノートに書けます。【低】

●10より大きい数になるたし算の計算の仕方を考えるとき、最初はどうしたらよいか悩んでいましたが、すでに知っている「10とあと幾つ」という数の見方をいかして考えることができるようになりました。【低】

●長さの測定では、測る基準が違うことで比べることが困難な状況になり、そこで単位を共通にする必要性に自ら気付き、普遍単位を使って長さを判断することができています。【低】

●第3学年までに学習した長さ、かさ、重さの単位について別々に理解していましたが、表に整理してまとめることで、それぞれの共通する単位の関係について考えることができるようになりました。【中】

●「概数」の学習では四捨五入の方法で表された50000の範囲について、友達と一緒に考えることで正しく捉えることができます。そして、友達の誤りもどうすると正しくなるか説明することができます。【中】

●面積を求めようとするとき、多くの辺の長さが示されている場面において少し悩むときがありましたが、最後には必要な情報を自ら選択し、面積を考えることができるようになりました。【高】

●同じ平均値でも、ちらばりかたによって代表値として適切ではないときがあることをドットプロットから捉えることができます。【高】

〈C評価の例〉

●測定するものに応じて単位を選択する場面で、つまずきが見られました。身の回りのかさを表すℓ、dℓ、mℓの単位が使われているものを普段から意識することで、目的に応じた単位で量の大きさを的確に表現できるようにしていきましょう。【低】

●かけ算の九九は覚えています。さらに、お話からかけ算の式を考えたり、逆にかけ算の

式からお話作りをしたりすることで、式や絵、図と言葉をつなげて考えることができるようにしていきましょう。【低】

●たし算やわり算、かけ算及びわり算が混合した式では、どのように計算したらよいか困り感を抱いていました。計算の方法だけでなく、式の意味を問題場面とつなげて読み取ることを意識するとよいでしょう。【中】

●分数の学習では、大きさを捉えるのに少しつまずきました。2分の1、4分の2、6分の3など複数の分数を同じ数直線上に表し、観察することを促すことで、大きさが等しい分数を見つけることができるようになってきています。【中】

●文章問題の数字が整数から分数や小数にかわることで、立式することに難しさを感じています。整数に数字を置き換えたり、図を用いたりすることで立式の理由を考えていくことを大切にしていきましょう。【高】

●小数のかけ算やわり算のとき、これまでの学習で学んだことをいかして、計算の仕方を考えることに難しさを感じています。普段からノートに学習した学びの足跡をしっかりと残し、新しい学習のときにその学びをいかせるようにしていきましょう。【高】

③　主体的に学習に取り組む態度

〈A評価の例〉

●生活科で育てたあさがおの種を数えるとき、数のまとまりをつくって数えるなど、算数の時間で学習した方法を自らいかし、工夫しながら数える姿勢が身に付いています。【低】

●ドッジボールの勝ち負けを決める際、内野にいる人がセンターラインに沿って1対1に対応して並ぶことで、どちらのチームの人数の方が多く残っているかを自ら学習したことをいかして考えようという態度が見られます。【低】

●日常生活の場面の状況に応じて、切り上げや切り捨てによって大きく見積もったり、小さく見積もったりする姿が見られます。【中】

●社会の学習のときに、地域を調べていく過程で見つけた大きな数に興味をもち、進んでその大きさを読む積極性が見られます。【中】

●日常生活の中で学級の子どもたちを二つのグループに分けようとしたとき、出席番号を2で割って、割り切れるかどうかという偶数と奇数の学習を自らいかし、グループを分けようとする姿勢が見られます。【高】

●学習した統計的な問題解決の方法を用いて、進んで身の回りから自分で調査してみたいテーマを決め、データを集めて適切なグラフに表し、結論について考察する姿勢が身に付いています。【高】

〈B評価の例〉

● 5や10以外の数も「いくつといくつ」になるか、おはじきなどを使って自分で考えようという姿勢が見られます。【低】

● かけ算の九九表から、3の段と4の段の和が7の段になることや、1×1、2×2のような同じ数どうしをかける計算は九九表の斜めに並んでいるなど、自分なりの見方で楽しんできまりを発見する姿が見られます。【低】

● グラフの学習では、自分の生活の中から、調べたらいいと思った内容を考えたり、探したりできます。【中】

●「あまりのあるわり算」では、あまりの処理について答えをそのまま答えとできない場合があることに気付き、日常生活の場面状況に即しながら考える姿勢が見られます。【中】

●「小数のわり算」では、かけ算のときと同じように、整数の計算をもとに自ら考えようとする態度が見られます。【高】

● 図形の面積の求め方の学習では、一つの方法で解けたあと「他にも方法はないか」と考え、何通りものやり方で解こうとする積極性が見られます。【高】

〈C評価の例〉

● 時間と時刻の違いについては理解しています。さらに、給食の始まりから終わりまでの時間を調べて、食事のペースの見通しをもつなど、日常生活における時間の使い方を工夫したり、時間の過ごし方について努力して改善したりする姿を期待しています。【低】

● 算数に対して、苦手意識が強くあります。「正解しているか」「間違っているか」の結果だけでなく、考える過程を楽しみながら、算数を学んでいきましょう。【中】

● 算数の学習に対して、進んで取り組めるようになってきました。さらに、学校で学んだことを振り返り、家庭での予習や復習にも力を入れ、学んだことを生活や学習に活用できるようにしていきましょう。【高】

4 "学びを変える" ためのアセスメント

① 子どものための評価

　算教科の目指す子どもの内実を、資質・能力の視点で整理してきた。この評価事例を生きる評価にしていくためには、子どもの姿と実践をつなぐことである。つまり、評価と指導の一体化である。評価には、二つの考え方があるのではないだろうか。それは、"教師のための評価"と"子どものための評価"である。換言すると、"選抜及び序列化の評価"と"学習者や教師がそれまでの学びの成果をふり返ることで、これまでの学びや授業の在り方（指導）の改善につなげる評価"である。やはり、後者の"子どものための評価"を

意識していくことが重要である。それは、子どもの姿を資質・能力で整理し、子どもの学びを見取るだけに終わってしまうのであれば、子どもを伸ばすことにつながっていかないからである。子どもにフィードバックしていくところまで考えて、はじめて子どもに生きる評価になるのである。

②　子どもの姿と実践をつなぐ評価サイクル

今回、評価事例を提示するにあたり危惧したことは、一度つくった評価事例を固定的なものとして捉えてしまい、私たち教師自身が受動的、静的な実践者となってしまうことである。固定的なものになってしまうと、実質的に機能するものとはならない。そこで、子どもの姿と実践をつなぐ評価サイクルを提案したい。

まず、目指す子どもの姿を設定する。そして、その内実（資質・能力）を子どもの姿で整理する。次に、その資質・能力を育成するために、教材研究を行い実践する。そのときの子どもの見取り方を三つに分類する。

一つ目は、設定された課題を解決しながら学習を進めていったとき、子どもたちの学習ぶりや学習の成果がよしと評価されれば、その課題は子どもの学ぶ道筋に即したものであると判断できる。そして、目指す子どもの姿が表出できた条件を探り、次回の実践の機会にも適用することになる。

二つ目は、逆に成果が上がらないと評価がなされた場合には、その原因を授業の事実に求めて、自分自身の指導を省察的に振り返り、改善案を考える。そして、次回の実践を改善し、子どもにフィードバックしていく。

三つ目は、目標にとらわれない見取り方である。実践において目指す子どもの姿が表出できた、できなかったという視点でなく、素直な子どもの姿から何が見出せたかという視点で見取っていくことである。もし、目標が子どもたちに獲得されたかどうかという視点のみで授業を見ていくと、教師のねらいからはみ出したり、さらにはそれを乗り越えていったりする子どもたちの姿が軽視・無視される場合が起こりやすい。

今回、提示した評価事例がすべてではない。授業実践を通して、目の前の子どもに合わせて、この評価事例を最適なものに改善していく教師の姿勢が何より重要である。

●参考文献
西岡加名恵・石井英真・田中耕治編『新しい教育評価入門　人を育てる評価のために』有斐閣、2015年
田中耕治著『新しい「評価のあり方」を拓く　「目標に準拠した評価」のこれまでとこれから』日本標準、2010年
田中耕治編『よくわかる教育評価〈第2版〉』ミネルヴァ書房、2010年

理 科

●評価の観点及びその趣旨（指導要録）

（1）評価の観点及びその趣旨

観点	知識・技能	思考・判断・表現	主体的に学習に取り組む態度
趣旨	自然の事物・現象についての性質や規則性などについて理解しているとともに、器具や機器などを目的に応じて工夫して扱いながら観察、実験などを行い、それらの過程や得られた結果を適切に記録している。	自然の事物・現象から問題を見いだし、見通しをもって観察、実験などを行い、得られた結果を基に考察し、それらを表現するなどして問題解決している。	自然の事物・現象に進んで関わり、粘り強く、他者と関わりながら問題解決しようとしているとともに、学んだことを学習や生活に生かそうとしている。

（2）学年・分野別の評価の観点の趣旨

観点／学年	知識・技能	思考・判断・表現	主体的に学習に取り組む態度
第3学年	物の性質、風とゴムの力の働き、光と音の性質、磁石の性質、電気の回路、身の回りの生物及び太陽と地面の様子について理解しているとともに、器具や機器などを正しく扱いながら調べ、それらの過程や得られた結果を分かりやすく記録している。	物の性質、風とゴムの力の働き、光と音の性質、磁石の性質、電気の回路、身の回りの生物及び太陽と地面の様子について、観察、実験などを行い、主に差異点や共通点を基に、問題を見いだし、表現するなどして問題解決している。	物の性質、風とゴムの力の働き、光と音の性質、磁石の性質、電気の回路、身の回りの生物及び太陽と地面の様子についての事物・現象に進んで関わり、他者と関わりながら問題解決しようとしているとともに、学んだことを学習や生活に生かそうとしている。
第4学年	空気、水及び金属の性質、電流の働き、人の体のつくりと運動、動物の活動や植物の成長と環境との関わり、雨水の行方と地面の様子、気象現象及び月や星について理解しているとともに、器具や機器などを正しく扱いながら調べ、それらの過程や得られた結果を分かりやすく記録している。	空気、水及び金属の性質、電流の働き、人の体のつくりと運動、動物の活動や植物の成長と環境との関わり、雨水の行方と地面の様子、気象現象及び月や星について、観察、実験などを行い、主に既習の内容や生活経験を基に、根拠のある予想や仮説を発想し、表現するなどして問題解決している。	空気、水及び金属の性質、電流の働き、人の体のつくりと運動、動物の活動や植物の成長と環境との関わり、雨水の行方と地面の様子、気象現象及び月や星についての事物・現象に進んで関わり、他者と関わりながら問題解決しようとしているとともに、学んだことを学習や生活に生かそうとしている。

第5学年	物の溶け方、振り子の運動、電流がつくる磁力、生命の連続性、流れる水の働き及び気象現象の規則性について理解しているとともに、観察、実験などの目的に応じて、器具や機器などを選択して、正しく扱いながら調べ、それらの過程や得られた結果を適切に記録している。	物の溶け方、振り子の運動、電流がつくる磁力、生命の連続性、流れる水の働き及び気象現象の規則性について、観察、実験などを行い、主に予想や仮説を基に、解決の方法を発想し、表現するなどして問題解決している。	物の溶け方、振り子の運動、電流がつくる磁力、生命の連続性、流れる水の働き及び気象現象の規則性についての事物・現象に進んで関わり、粘り強く、他者と関わりながら問題解決しようとしているとともに、学んだことを学習や生活に生かそうとしている。
第6学年	燃焼の仕組み、水溶液の性質、てこの規則性、電気の性質や働き、生物の体のつくりと働き、生物と環境との関わり、土地のつくりと変化及び月の形の見え方と太陽との位置関係について理解しているとともに、観察、実験などの目的に応じて、器具や機器などを選択して、正しく扱いながら調べ、それらの過程や得られた結果を適切に記録している。	燃焼の仕組み、水溶液の性質、てこの規則性、電気の性質や働き、生物の体のつくりと働き、生物と環境との関わり、土地のつくりと変化及び月の形の見え方と太陽との位置関係について、観察、実験などを行い、主にそれらの仕組みや性質、規則性、働き、関わり、変化及び関係について、より妥当な考えをつくりだし、表現するなどして問題解決している。	燃焼の仕組み、水溶液の性質、てこの規則性、電気の性質や働き、生物の体のつくりと働き、生物と環境との関わり、土地のつくりと変化及び月の形の見え方と太陽との位置関係についての事物・現象に進んで関わり、粘り強く、他者と関わりながら問題解決しようとしているとともに、学んだことを学習や生活に生かそうとしている。

1 知識・技能

〈A評価の例〉

●形や体積に着目して重さを比較しながら調べる活動を通して、物は形が変わっても重さが変わらないという物の性質をよく理解しています。【中】

●実験を通して、磁石の異なる極は引き合い、同じ極は退け合うことや、磁石に引き付けられるものには共通点があることなどを確実に理解しています。【中】

●人や他の動物が体を動かすことができるのは、骨と筋肉の働きによるものであることを、体感を通して理解することができています。【中】

●時間の経過とともに星が動いているかどうかを確かめるために、建物などの動かないものを目印にして、星の位置の変化を調べるという方法を確実に身に付けています。【中】

●モーター軸が回る速度や豆電球の明るさなど、回路につないだ物の働きの大きさは、回路に流れる電流の大きさと関係があることをよく理解しています。【中】

●物が水に溶けても、水と物とを合わせた重さは変わらないことから、水の中に溶けた物はそのまま水溶液の中に保存されるということを正しく理解しています。【高】

●顕微鏡の扱い方を確実に身に付け、花粉や水の中の小さな生き物のからだのつくりを詳しく観察することができました。【高】

●多様な資料を基に、土地は、火山の噴火や地震によって変化することや、それらの現象に伴って大きな自然災害が起こる可能性のあることをよく理解しています。【高】

●電機は、光、音、熱、運動などに変換することができることや、それらの性質を利用することで私たちの豊かな生活が成り立っていることを正しく認識しています。【高】

●水溶液に溶かした金属を取り出して調べる実験を通して、水溶液に溶けた金属は、元の金属とは違う新しい物質に変化することがあることを正しく捉えています。【高】

〈B評価の例〉

●昆虫の体は頭、胸、腹から成り立っていることや、昆虫の育ち方には一定の順序があることなどを、観察を通して捉えています。【中】

●太陽がいつも影の反対側にあるという事実から、影は太陽の光をさえぎるとできることや、日かげの位置は、太陽の位置の変化によって変わることを捉えています。【中】

●金属や水、空気は、温めたり冷やしたりすると体積が変わるが、その程度には違いがあり、温度による体積の変化が最も大きいのは空気であることを理解しています。【中】

●沸騰した水の中から出てくる泡は空気ではなく、温められた水が水蒸気に変化したものであることを理解しています。【中】

●植物を育てたり、身近な植物を定期的に観察したりする活動を通して、植物の成長は季節によって成長の違いがあることを理解しています。【中】

●雲の様子を観察したり、様々な気象情報を活用したりしながら、天気の変化は雲の量や動きと関係があることを捉えています。【高】

●実験を繰り返すことで、振り子が1往復する時間は、おもりの重さなどではなく、振り子の長さによって変わることを捉えています。【高】

●空気には窒素、酸素、二酸化炭素などが含まれていることや、酸素には物を燃やす働きがあることを理解しています。【高】

●食べたものは口から、食道、胃、小腸、大腸へと移動する間に消化されることや、消化された養分は腸から吸収されて体内で使われることなどを理解しています。【高】

●月は日によって形が変わって見えることや、月の形の見え方は、太陽と月の位置関係によって変わることを捉えています。【高】

〈C評価の例〉

●電気を通す物の共通点を見付けることはまだ難しいものの、身の回りの様々な物を順に調べながら、一つずつ電気を通す物を見付けています。【中】

●身の回りにある物を使って音を出す実験を通して、物から音が出たり伝わったりするときに物が震えることに、少しずつ気付くことができています。【中】

●季節による植物の育ち方の違いを長期的に捉えるまでは至らないものの、季節によっては植物が大きく成長したり、種を残して枯れたりすることに気付いています。【中】

●1日の気温の変化について、晴れの日は昼頃に気温が高くなることに気付くことができています。温度変化のきまりについても考えられるとよいと思います。【中】

●金属の体積が温度によって変化することが実感として捉えにくいようです。鉄道のレールの継ぎ目の例など、日常生活との関連についても考えてみるといいですね。【中】

●日常生活で使う「とける」という表現によって、形を変えて水に混ざったものも溶けたと認識してしまうようです。水溶液の定義をもう一度確認してみましょう。【高】

●植物の発芽に水や空気が必要なことを捉えられています。次は、冬野菜と夏野菜の種まきの季節の違いなどから、適温の必要性についても考えられるといいと思います。【高】

●火山の活動や地震などによって、土地の形が長期的に変化し続けているというイメージが持ちにくかったため、映像や図書などの資料で補足説明を行いました。【高】

●てこの規則性が日常生活の様々な場面で活用されていることに気が付けるように、身の回りのものに支点・力点・作用点のシールを貼りながら説明しました。【高】

2 思考・判断・表現

〈A評価の例〉

●磁石に付くものを調べる学習では、調べた物の差異点や共通点を整理しながら、分かりやすく分類することができていました。【中】

●様々な昆虫の体のつくりや食べ物、住処の差異点や共通点に着目することで、生き物は自分の住みやすい環境に合わせて生きていることに気が付きました。【中】

●3年生で1日の太陽の動きについて学習したことや生活経験を根拠にしながら、月も太陽と同じように時刻によって位置を変えるという予想を立てることができました。【中】

●モーターカーが同じ距離を走る時間を比較することで、乾電池のつなぎ方を変えると電流の働きが大きくなるという仮説を確かめることができました。【中】

●骨や筋肉がどのような働きをしているのかを確かめるために、自分の体に直接触れたり関節を動かしたりしながら考えたり、図で表したりすることができました。【中】

●物が水に溶けてもなくならず、水溶液の中に残っているかどうかを確かめるために、溶かす前後の重さを比較するという実験方法を発想することができました。【高】

●増水によって土地が変化するかどうかを調べるために、水の速さや量などの条件を制御しながら水の流れ方を比較するという実験方法を発想することができました。【高】

●力を加える位置や力の大きさを変えながら、てこの規則性について多面的に調べ、考えたことをノートに上手にまとめることができました。【高】

●物を燃やす前と後では空気中の酸素の割合が小さくなっていることから、物が燃えるためには酸素が必要であるという考えを見出すことができました。【高】

●自然の中で生きている生き物の、食べる・食べられるという関係をノートにまとめ、友達に分かりやすく説明することができました。【高】

〈B評価の例〉

●差異点に着目しながら観察し、日なたと日かげでは地面の温かさや湿り気に違いがあることを考えていました。【中】

●回路につないだ豆電球がつくかどうかを確認しながら、電気を通すものの共通点について考えていました。【中】

●空気と水の性質について学習したことを基に、水鉄砲の仕組みについて考えたり表現したりしていました。【中】

●暑くなってきたころの植物の成長の仕方について調べたことを、図や表、グラフで表すことができました。【中】

●1週間の雲の量の動きや量に着目して、春のころの天気がどのように変わっていくのかについて考えていました。【高】

●振り子が1往復する時間が何によって決まるのかを調べるために、振り子の長さやおもりの重さなどの条件を統一する必要があることに気が付きました。【高】

●水溶液を加熱すると、においだけがして、あとに何も残らないものがあることから、水溶液には気体が溶けている可能性があることを考えることができました。【高】

●水の循環や酸素、二酸化炭素の出入りを図で表現するなどしながら、生き物が生きていくために必要なものについて考えていました。【高】

〈C評価の例〉

●日なたと日かげに入ったときに温かさがちがう理由について、自分なりに考えていました。地面に手を当ててみるなどの体感を通して、続けて考えられるといいですね。【中】

●乾電池の個数やつなぎ方が、回路に流れる電流の大きさと関係していることに少しずつ気が付いてきました。次は検流計の数値で確かめてみましょう。【中】

●空気は目に見えないため、その温まり方を捉えることは難しいものの、既に学習した水の温まり方をもとに考えようとしていました。【中】

●気温と成長の仕方を関係付けて考えるところまでは至らないものの、季節によって植物の育ち方が違うことを体感的に捉えることができています。【中】

●流れる水の働きが何によって変わるのかについて、根拠ははっきりしないものの、予想や仮説を立てながら実験に取り組んでいました。【高】

●振り子が1往復する時間が何によって決まるのか、考えを整理することが難しかったので、実験結果をグラフにして視覚的に捉えられるよう指導しました。【高】

●塩酸に溶けた鉄が別のものに変化しているかどうか考えられるようにするために、取り出したものと元々の鉄をそれぞれ磁石に付けてみるよう助言しました。【高】

●私たちの生活と水や空気との関わりについて考えられるようにするために、これまでの学習で明らかになったことを提示して、もう一度考えてみるよう促しました。【高】

③　主体的に学習に取り組む態度

〈Ａ評価の例〉

● 時刻ごとの影の位置や長さが変化することに興味をもち、１日のうちで細かく時間を区切りながら記録したり、日を改めて同じ実験をしたりしていました。【中】

● 明かりがつくものとつかないものを明らかにしようと、学校にあるもの以外にも、家庭から持参した様々なものを使って実験を繰り返していました。【中】

● 季節ごとの植物の育ち方の変化を調べるために、同じ場所から定期的に樹木の観察を行ったり、写真で記録したりしていました。【中】

● 身近な川から取ってきたメダカの観察を毎日続け、たまごや稚魚が生まれてからも、粘り強く世話を続けていました。【高】

● 流れる水の働きと川の形との関係を確かめようと、雨が降ったときの運動場の水の流れ方を観察したり、身近な河川に出かけて土地の様子を調べたりしていました。【高】

● ゴミ集積所のクレーンなど、電磁石の働きを利用した道具に興味をもち、自分なりに資料を集めたり、授業でみんなに紹介したりしていました。【高】

● 物の溶け方について学んだことを基に、自由研究でミョウバンの結晶づくりにチャレンジしたり、食塩や砂糖を使って料理をしたりしたことをノートにまとめていました。【高】

● 興味をもって植物の成長の条件を調べ、分かったことをもとに、他の植物でも同じことがいえるかどうか自分で進んで確かめようとしていました。【高】

〈Ｂ評価の例〉

● 日なたが日かげよりも温かい理由を調べるために、温度計を使ってそれぞれの地面の温度の違いを調べていました。【中】

● 電気を通すつなぎ方の共通点を見付けるために、乾電池を２個使って、いろいろなつなぎ方を試すことができました。【中】

● 押し縮められた空気が元に戻ろうとする性質を利用して空気鉄砲をつくり、友達と一緒に前玉を遠くまで飛ばそうと頑張っていました。【中】

● 動物の体についての学習で、自分の腕や足を曲げたり伸ばしたりしながら、関節の働きについて考えていました。【中】

● 気象衛星の雲画像やテレビのニュースなどの情報から、台風が生活に及ぼす影響について考えたり、友達と話し合ったりすることができました。【高】

● テンポ振り子が振れるタイミングと曲のリズムを合わそうと、友達と協力しながら振り子の長さを調節していました。【高】

● リトマス紙を使って水溶液の性質を調べたり、蒸発させて溶けているものを取り出した

りしながら、未知の水溶液を見分けようと頑張っていました。【高】

●植物の葉に日光が当たると本当に酸素が作られるのかどうか、気体検知管を使って確か
めようとしていました。【高】

〈C評価の例〉

●初めは進んで実験に参加したり発言したりすることがやや苦手でしたが、ペア学習を取
り入れたことで、少しずつ前向きに学習に取り組めるようになってきました。【中】

●磁石の性質を調べる学習において、自分の素朴な疑問が全体で取り上げられたことを
きっかけに、喜んで実験に取り組める日も多くなってきました。【中】

●並列つなぎの回路が難しく、実験では友達に任せる場面もありましたが、基本の回路に
戻って復習したことで、少しずつ積極性が見られ始めています。【中】

●自ら種を植え、育てる活動を経験したことで植物への愛情が湧き、自分から水やりをし
たり葉の様子を気にしたりする場面も見られるようになりました。【中】

●自然災害について実感しにくいところがありましたが、過去の災害時の写真や動画を見
るうちに、学習内容と生活との結びつきについて考えられるようになってきました。
【高】

●書くことに苦手意識をもち、調べたことをノートに記録したりまとめたりするのが難し
いところがあったので、キーワードを使って口頭で説明することから練習しました。
【高】

●洗剤や飲料など、身近な水溶液も取り扱いながら学習したことで、水溶液の性質を調べ
ることに少しずつ興味がもてるようになってきたようです。【高】

●植物の体の働きについて、子どもの発想を取り入れた実験方法を試す機会を設けたこと
で、少しずつ実験の面白さを感じられるようになってきたようです。【高】

❹ "学びを変える" ためのアセスメント

　学習評価を行う際には、まずはその教科で目指したい子どもの姿を明確に描き、全員の
子どもがそこに至るまでの具体的かつ長期的な支援をイメージしておくことが重要であ
る。ここでは、伸びよう、高まろうとする子どもの心情に寄り添いながら現状を見極め、
適切な支援を講じていくための評価となるよう意識しておく必要がある。

　子どもの学びを変える学習評価を行う際に、特に留意しておきたいことは以下の２点で
ある。

　１点目は、教科の本質を意識しておくということである。理科の本質は、科学的な手続
きや方法を用いながら、実験や観察で見出した事実を基に客観的に考え、妥当性のある解
を導き出していくことである。したがって、子どもが問題解決の力を働かせ、実験や観察

の結果から考察することで、科学的な解釈を生み出そうとしているかどうかを見取っていくことが重要である。例えば、知識・技能の観点においては、単に実験や観察の結果を捉えていることにとどまらず、それらの事実を基に考察することで、自然の事物・現象についての概念が深まっていくことを意識する。また、思考力・判断力・表現力の観点においては、子どもが事実を拠り所にしながら、科学的に考えていく過程を重視する。さらに、主体的に学習に取り組む態度の観点においては、単に興味や関心をもつということだけでなく、問題を解決したり、新たな自然事象への関わりを行ったりするなど、対象への主体的な働きかけが行われているかどうかを見極めていくことが重要である。先にも触れたように、教育評価を行うことは、その教科で求めたい子ども像を求めていくということでもある。したがって、教科の本質を意識しながら教育評価を行うことにより、子どもの学びが変わり、その教科でこそ求めたい姿へと近付いていくのである。

　2点目は、B評価やC評価の子どもがA評価に向かうことができるようにするための質的転換点を意識し、形成的評価を基本としていくという点である。特にC評価の子どもへの支援は重要である。学習への苦手意識が強くなると自尊感情が低下し、たとえ興味や関心の高い教科であっても学びに向かう力が次第に低下してしまうことも考えられる。また、その教科で基礎・基本となる知識や技能が十分に身に付いていないことで、自分の考えをまとめたり表現したりすることも難しくなることがある。こうしたことも考え、C評価のコメントに「高まろうと努力しています」「～するとさらに……なるでしょう」「少しずつ～できるようになってきました」など、肯定的な表現を多く取り入れることや、どのような学習展開の工夫によって子どもの意欲が引き出されてきたか、その具体を記述することを意識していく。そうすることで、子どもは学習の結果だけではなく、そこに至ろうとする問題解決の過程に目を向け、前向きに学びを展開することが可能になる。

　さらに言うまでもなく、子どもの学びを変えるためには普段からの子どもとの関係性の構築が欠かせない。授業中の子どものつぶやきやノートへの記述などから子どもの内面を丁寧に見取り、子どもの状況に合わせた適切な支援を考えていくことは、どの教科、学習内容においても重要であろう。

生 活

●評価の観点及びその趣旨（指導要録）

観点	知識・技能	思考・判断・表現	主体的に学習に取り組む態度
趣旨	活動や体験の過程において、自分自身、身近な人々、社会及び自然の特徴やよさ、それらの関わり等に気付いているとともに、生活上必要な習慣や技能を身に付けている。	身近な人々、社会及び自然を自分との関わりで捉え、自分自身や自分の生活について考え、表現している。	身近な人々、社会及び自然に自ら働きかけ、意欲や自信をもって学ぼうとしたり、生活を豊かにしたりしようとしている。

1 知識・技能

〈A評価の例〉

●家族の仕事を調べて、自分が仕事を体験したり、家族の仕事を手伝ったりすることを通して、家族が自分のためにしてくれていることがたくさんあることに気付き、感謝の気持ちをもつとともに家族の役に立てたことの有用感を感じています。【低】

●校区探検では、商店街に出かけて働いている人や買い物をする人たちの話を聴き、地域の人たちのあたたかなつながりがあることに気付きました。【低】

●夏野菜を育てようの学習では、野菜を枯らしてしまった経験を基に、自分が野菜に対してお世話を丁寧にするとすくすく育つことに気付きました。対象と自分との関わりへの気付きが高まっています。【低】

●特別支援学校の子どもたちとの交流学習では、これからも続けて活動をすることができることとして、ジャガイモを植える活動を思いつき、収穫に向けて協力して活動をする中で友達とのつながりの深まりに気付くことができました。【低】

〈B評価の例〉

●学校たんけんでは、初めは学校の場所や空間ばかりに着目していたところが、そこではたらく人が自分たちを支え、守ってくれていることに気付き、学校での生活に安心感をもつことができました。【低】

●段ボール迷路を作る学習では、友達に段ボールカッターの使い方を教わったり、接着の仕方について知っていることを伝えたりして、楽しい迷路づくりができました。その中で友達と共に学び合うよさに気付くことができました。【低】

●自分の好きな植物を育てる学習では、ひまわりを育てました。その中で一つの種から多くの種ができるという生命のつながりや、その種から私たちの生活に使われる油もできるということの驚きから自然に対する敬虔な気付きを振り返りに表すことができました。【低】

●地域の公園に集まる人々についてインタビューしたり、地域の人たちの様子を観察したりする中で、公園は地域の校庭のようだと見立て、地域社会における人のつながりや憩いの場を与えているよさに気付くことができました。【低】

●秋を見つける学習では、校庭や身近な自然が黄色や赤色に染まっていく様子やドングリや松ぼっくりなどの秋に見つかる木の実などの様子から、自然も冬に向けて準備していることや命のつながりがあることなどに気付くことができました。【低】

〈C評価の例〉

●生き物の観察では、ウサギの好物やニワトリの鳴き声などをみんなに教えることができました。生活経験から身に付けた知識が豊富なので、そこで得た気付きを絵や言葉にして書き表すことができるように支援していきます。【低】

●保育園との交流では、たくさんの兄弟がいる生活経験を生かし、楽しく関わることができました。さらに○○くんのよさが発揮できるように、持ち物や役割を自分で確認したり、点検したりするように励ましています。【低】

2　思考・判断・表現

〈A評価の例〉

●学校たんけんでは、特に校長室が気になったようでした。休み時間も校長室を訪ね、学校のためにどのような仕事をしているのか、学校とはどういうところなのか自分の「はてな」を大切にしていました。問題発見力の高まりを嬉しく思います。【低】

●保育園との交流では覚えたてのカタカナや漢字を使って、小学校生活の説明をしたり、劇を取り入れて、自分が困った経験をおもしろおかしく表したりすることができました。表現欲求の高さが考える力を高めています。【低】

●校庭の樹木の変化に興味をもち、季節による観察を継続して行っていました。自分たちが頑張ったことでできるようになったことが増えたように、樹木もたくさん葉を付けたことでたくさんの実を付けていると、自分の成長とつなげて考えることができました。【低】

●身近なペットボトルやプラスチックトレイなどの素材を使って、大好きな車を作ろうと試行錯誤していました。車が動くようにゴムを捻るアイデアはおうちのおもちゃを参考にしたようでした。生活の学びを学校の学びに生かしています。【低】

〈Ｂ評価の例〉

●アサガオを育てた学習では、つるが伸びはじめ横たわったときにどうしてよいか分からなかったときに、家のキュウリを育てた経験を生かして支柱を立てればよいのではないかという考えを学級のみんなに提案することができました。【低】

●幼稚園児を学校に招いて交流する際には、初めは自分のしたいことを無理にさせていたことを改善し、幼稚園児の希望を聞いたり、幼稚園の先生にインタビューしたりして少しずつ相手のことを考えながら活動を工夫することができました。【低】

●空気を使ったおもちゃをつくった学習では、教師がモデルとしてつくったおもちゃに興味をもち、落下傘づくりをしていました。その中で傘の大きさや形をどのように工夫すれば滞空時間が長くなるのか試行錯誤しながら、つくり変えることができました。【低】

●地域の仕事調べの学習では、町の自転車修理の仕事を体験し、自動車一台をつくるための部品が３万個以上もあることなどから、写真を撮りながら分解したり組み立てたりする仕事の工夫を考えることができました。【低】

●幼稚園児との交流では、毛糸を使って指編みで様々な遊びをつくった学習での経験や、友達と一緒に遊びのルールをつくったり、幼稚園児と触れ合ったりする経験を生かして、相手の気持ちを考えて優しく言葉かけをすることができました。【低】

●みんなが利用するところを調べる学習では、地域の児童館に行き、児童館の人に遊び方を聞かれ、「みんなのものだから大事に使うことが大切」や「順番を決めて楽しく遊ぶ」と意見を述べることができました。【低】

●地域の高齢者の方々を招いて、昔遊びを学んだ学習では、たこ揚げやカルタとりが上手になりました。遊びに夢中になり見つけたコツを友達にも分かりやすく実演して伝えることもできました。【低】

●２年生の最後に自分の成長を振り返りました。自分の入学時からの身長の伸びのテープの長さ以上に成長が大きかったと語り、特に最初は発表することもうまくできなかったのに大きな声で説明することも楽しくなったと自分の成長を堂々と説明することもできました。【低】

〈Ｃ評価の例〉

●家族のことを紹介する学習ではお手伝いしたことを絵や文で説明することができるようになりました。書いて表現することができるよさを自分の言葉で説明することができるように支援していきます。【低】

●生活科の時間をいつも楽しみにしており、元気よく活動することができています。みんなで遊ぶことより、まだ一人遊びが楽しい様子ですので、成長を見取りつつ、友達と遊ぶことのよさを実感することができるように支援していきます。【低】

③　主体的に学習に取り組む態度

〈A評価の例〉

●秋遊びの学習では、ペアの友達とアイデアを出し合い、協力してドングリを使ったバッジを作ることができました。【低】

●校区たんけんの学習では、地域の標識にあるピクトグラムに興味をもち、学習前後の振り返りを比べて、様々なものの意味を想像して考えることができるようになった自分に気付き、新たな目標を見つけることができました。【低】

●段ボールで家を作った経験を生かしてお化け屋敷をつくりたいという思いをもち、友達と力を合わせて段ボールの部屋を組み合わせて完成することができました。難しいことも友達と協力することで実現できることのよさを知ることができました。【低】

●毎日の学習の振り返りに分かったことやできるようになったことだけでなく、「もっと楽しく」「もっと上手に」という向上心をもっています。そのことが、何をしたいかと尋ねると、いつも「〜したい」「〜をやりたい」という明確な目的意識をもつことにつながっています。【低】

●地域の児童館の見学で見つけた「児童館のきまり」を基に、みんなでそれらを守って大切に使うから、いつも楽しいのではないかとグループで話し合うことができました。【低】

●おもちゃづくりでは、友達が困っているのを見ると、自分が持っている道具を友達に「貸そうか？」と尋ねたり、悩んでいる友達がいると「こうしたらいいよ」というアドバイスをしたりすることができます。自然なやりとりの中で友達からの信頼を得ています。【低】

●特別支援学校との交流では、交流が続けられるように一緒に続けることができる活動をしたいと考え、５月の収穫に向けてジャガイモの水やりや草取りなどを協力して行うことができました。【低】

〈B評価の例〉

●動物に引っ掻かれたことがあったという経験から、ウサギを抱くことには躊躇していましたが、上手に抱いている友達の様子を見て、何度も挑戦したことで抱くことに成功することができました。【低】

●幼稚園交流では、「ようこそ　小学校へ」という企画の中で、新１年生の入学説明会に来た子どもたちに紹介する活動を行いながら、学校の中を幼稚園児たちと手をつないで互いに笑顔で楽しく活動することができました。【低】

●身近な材料を使ったおもちゃづくりでは、紙飛行機づくりを研究していました。紙飛行機を飛ばす度に、後ろから吹く風を利用するにはどのような形状がよいのかを考え、工

夫を加えようと自分から活動することができました。【低】
● 「6年生ありがとうの会を開こう」の学習では、学級活動や行事とのつながりをもった上で6年生へ渡す手紙の便箋を友達とアイデアを出し合い、かわいい花柄のオリジナル便箋を作成することができました。【低】
● 「大きくなったこと できるようになったこと」の学習では、自分の成長について振り返る中で、友達と力を合わせたことが今の自分の成長のためになったと協力のよさを実感していました。【低】

〈C評価の例〉
● 友達に促されると、何をすればよいのか分かってきて、楽しく活動することができるようになりました。自分の思いや願いを大切にすることができるように支援していきます。【低】
● 遊びに夢中になると、自分一人で遊ぶことが多くなり、友達と仲良く遊ぶことが難しかったときもありましたが、次第に集団で遊ぶ楽しさに気付き始めています。○○くんの成長を見届けたいと思っています。【低】

4 "学びを変える" ためのアセスメント

　平成29年度に告示された小学校学習指導要領の解説（生活編）には、学習評価の在り方について、「評価は、結果よりも体験そのもの、過程を重視して行われる」とある[1]。このような子どもの文脈に即した評価をするためには、学びのプロセスの中で子どもたちを評価することが大切になる。そのためにも日々の言葉かけと記録こそが重要である。このことは生活科創設時から大切にされ続けていたことであり、これからも失われてはいけないものである。特に低学年期の子どもたちが学ぶ生活科においては、学びの自覚化が難しい。子どもたちのよさに教師が気付き、教官の姿勢を基本と考え、価値付けていくことが重要である[2]。この教師の語りかけをするためには、教師の中であたたかな「見取りの目」を磨くことが大切であると考える。学習指導案に固執して学習環境が不十分な状態では、教師が活動を進めることに注視するあまり、子どもの変化、成長に気付けなくなってしまうことがある。そのためにも教師は授業における学習環境を整え、子どもたちが自立した活動することができるようにした上で、日々の評価を行っていくのである。
　そこで学びを変えるためのアセスメントの具体を次の三つから考えていく。

① 子どもの目線で見る
　大人の高い位置から見える世界と子どもの目線から見える世界は全く異なる。生活科の時間では目線を低くして「評価の基本＝子ども理解」であると考える[3]。その中で子どもの創意工夫や視点のおもしろさに感動できる教師でありたい。そのような子どもの原初的

な学びを見取ってこそ、子ども自身に育ってきている学びの豊かさを理解することができる。大人には理解しがたい世界を理解しようとする教師の目こそが生活科における重要なアセスメントである。

②　子ども自身のＰＤＣＡサイクルを大切にする

　生活科の教材研究は非常に大切であり、ねらいを焦点化するからこそ、それらが質の高い気付きとなり、社会認識や自然認識の芽を育む。しかし、特定の知識や技能を取り出した指導ではなく、文脈に即して学ぶ生活科においては、教師の計画した学習指導案よりも、子どもの思いや願いを基にした学習過程こそが大切にされるべきなのは言うまでもない。教師はその学びの中で自然な子どもの求めに応じて知識やスキルを学習の中に埋め込んだり、ときに教えたりすることが必要である。その中で、子どもたち自身の自己評価を大切にしつつも、教師が子ども自身の学びのよさを価値付けることが大切である。そうすることで子どもが「次もやってみたい」「今度はこれをチャレンジ」という思いや願いが膨らみ、次の学習へとつないでいく。教師のＰＤＣＡサイクルではなく、子どものＰＤＣＡサイクルを大切にしたい。

③　認め合える集団づくり

　普段の生活科の指導が「～してはいけない」「～しなければらない」などの制限的なものばかりになると、子どもたちもそのような言い回しばかりを他の子どもたちにしてしまう。もちろん、安全の確保や生活規律的な指導も必要だが、それ以上に「～をずっとあきらめずにやっていたからできたね」「幼稚園児のみんなにやさしく言葉かけをしていたからみんなが集まってきたね」などのＫＲ（knowledge of results）[4]を教師が大切にすることで、次は子どもたち自身が友達に対してそのような言葉かけができるようになる。内容的なよさだけでなく、方法的なよさも含めて、教師自身が子どものよさに対するアンテナを張り、子どもたち一人一人のよさを子どもたちに伝えていきたい。そのような中で学ぶ子どもたちは安定した雰囲気の中で、豊かな学びを展開することができる。

●注
1　文部科学省『小学校学習指導要領（平成29年告示）解説　生活編』東洋館出版社、2017年、p.97
2　田村学著『授業を磨く』東洋館出版社、2015年、p.78-87
3　木村吉彦「幼児教育と小学校教育をつなぐ生活科の教科特性とスタートカリキュラム」上越教育大学附属小学校高田教育研究会『教育創造』No.169、p.3
4　「結果の知識」：大橋ゆかり・長田久雄「結果の知識付与のタイミングがパフォーマンスに及ぼす影響」日本理学療法士協会『理学療法学』24巻1号、p.9-15

音　楽

●評価の観点及びその趣旨（指導要録）

（1）評価の観点及びその趣旨

観点	知識・技能	思考・判断・表現	主体的に学習に取り組む態度
趣旨	・曲想と音楽の構造などとの関わりについて理解している。 ・表したい音楽表現をするために必要な技能を身に付け、歌ったり、演奏したり、音楽をつくったりしている。	音楽を形づくっている要素を聴き取り、それらの働きが生み出すよさや面白さ、美しさを感じ取りながら、聴き取ったことと感じ取ったこととの関わりについて考え、どのように表すかについて思いや意図をもったり、曲や演奏のよさなどを見いだし、音楽を味わって聴いたりしている。	音や音楽に親しむことができるよう、音楽活動を楽しみながら主体的・協働的に表現及び鑑賞の学習活動に取り組もうとしている。

（2）学年別の評価の観点の趣旨

観点／学年	知識・技能	思考・判断・表現	主体的に学習に取り組む態度
第1学年及び第2学年	・曲想と音楽の構造などとの関わりについて気付いている。 ・音楽表現を楽しむために必要な技能を身に付け、歌ったり、演奏したり、音楽をつくったりしている。	音楽を形づくっている要素を聴き取り、それらの働きが生み出すよさや面白さ、美しさを感じ取りながら、聴き取ったことと感じ取ったこととの関わりについて考え、どのように表すかについて思いをもったり、曲や演奏の楽しさを見いだし、音楽を味わって聴いたりしている。	音や音楽に親しむことができるよう、音楽活動を楽しみながら主体的・協働的に表現及び鑑賞の学習活動に取り組もうとしている。
第3学年及び第4学年	・曲想と音楽の構造などとの関わりについて気付いている。 ・表したい音楽表現をするために必要な技能を身に付け、歌ったり、演奏したり、音楽をつくったりしている。	音楽を形づくっている要素を聴き取り、それらの働きが生み出すよさや面白さ、美しさを感じ取りながら、聴き取ったことと感じ取ったこととの関わりについて考え、どのように表すかについて思いや意図をもったり、曲や演奏のよさなどを見いだし、音楽を味わって聴いたりしている。	音や音楽に親しむことができるよう、音楽活動を楽しみながら主体的・協働的に表現及び鑑賞の学習活動に取り組もうとしている。

| 第5学年及び第6学年 | ・曲想と音楽の構造などとの関わりについて理解している。
・表したい音楽表現をするために必要な技能を身に付け、歌ったり、演奏したり、音楽をつくったりしている。 | 音楽を形づくっている要素を聴き取り、それらの働きが生み出すよさや面白さ、美しさを感じ取りながら、聴き取ったことと感じ取ったこととの関わりについて考え、どのように表すかについて思いや意図をもったり、曲や演奏のよさなどを見いだし、音楽を味わって聴いたりしている。 | 音や音楽に親しむことができるよう、音楽活動を楽しみながら主体的・協働的に表現及び鑑賞の学習活動に取り組もうとしている。 |

1　知識・技能

〈A評価の例〉

●互いの声を聴き合って「やまびこのようにまねて歌う」ところが「やまびこごっこ」のおもしろさであることに気付き、互いの歌声を聴いて、強弱や声の出し方に気を付けて歌うことができました。【低】

●「かっこう」の楽しさは拍子であることに気付き、3拍子の拍のまとまりを感じて歌詞の表す様子を歌ったり、リズムの違い（タン・タン・ウンとターアー・タン）や音色に気を付けて鍵盤ハーモニカを演奏したりすることができました。【低】

●鑑賞の活動を通して、いろいろな打楽器の音色の違いに気付き、そのよさやおもしろさを感じ取ることができました。音の出し方による音色の変化を試したり、楽器の組み合わせ方や重ね方を工夫したりして楽しく音楽づくりができました。【低】

●「もみじ」は前半と後半の旋律の重なり方に特徴があることに気付き、情景を思い浮かべ、色とりどりの美しい紅葉を表現しようと、友達の歌声や副次的な旋律を聴きながら、きれいな響きで2部合唱をすることができました。【中】

●弾んだ感じがするのは、音を短く切って演奏しているからで、それらの音符にスタッカート記号が付いていることが理解できました。そして、タンギングや息の使い方に気を付けてスタッカートを生かした表現ができました。【中】

●ラ・ド・レの3音を使うとお囃子の旋律ができること、さらに続く感じや終わる感じにも気付き、まとまりのある旋律をつくることができました。そして、つくった旋律を友達と確かめ合ったり、リレーで一つの音楽に構成したりしてお囃子の音楽をつくることができました。【中】

●「いつでもあの海は」では、旋律の重なり方の違いが、海の波の様子を表していると感じ、4フレーズ目は互いの声を聴き合い、バランスよく溶け合うように響きのある声で歌うことができました。【高】

●「風をきって」の曲の感じが、前半の弾む感じから後半は滑らかな感じに変わったのは、伴奏のリズムが前半は八分音符の和音を刻んでおり、後半は分散和音になっている

からであると気付き、和音伴奏に気を付けて演奏することができました。【高】

●「祝典序曲」の鑑賞では、華やかでだんだん盛り上がってみんなでお祝いをしているような感じがするのは、主な旋律を演奏する楽器が金管楽器のファンファーレ、木管楽器、弦楽器、金管楽器と変わっていき、その後弦楽器・金管楽器・木管楽器・打楽器がかわるがわる登場して盛り上げているからであることに気付くことができました。【高】

〈B評価の例〉

●「やまびこ」のように呼びかけとこたえに気を付けて、互いの歌声を聴きながら優しい声で歌うことができました。【低】

●3拍子の拍のまとまりを感じてドレミで歌ったり、歌詞で歌ったりできます。リズムの違い（タン・タン・ウンとターアー・タン）に気を付けて鍵盤ハーモニカを演奏することができました。【低】

●鑑賞の活動を通して、いろいろな打楽器の音色の違いに気付くことができました。楽器の音をよく聴きながら、音の出し方による音色の変化を試したり、楽器の音の重ね方を試したりして楽しく音楽づくりができました。【低】

●富士山の雄大さを表現しようと、3フレーズ目を少し弱く、そして4フレーズ目に曲の山を感じて自然で無理のない伸び伸びとした歌い方で歌うことができました。【中】

●シンコペーションのリズムや旋律の特徴の違いを感じながら、それぞれのパートのバランスに気を付けて演奏することができました。【中】

●この曲の特徴は、前半は旋律が上がり下がりしていること、後半は旋律がだんだん上がっていくことによって曲想が豊かになり、「夢を届けよう」という気持ちを表していることに気付くことができました。【中】

●「ふるさと」への思いが伝わるように、歌詞を大切に発音や呼吸の仕方、強弱に気を付けて響きのある声で歌うことができます。【高】

●「静かにねむれ」では、和音の響きの移り変わりを感じ取り、3フレーズ目の和音進行が異なっていることにも気付き、和音の響きに気を付けて演奏することができます。【高】

●打楽器のリズムアンサンブルづくりでは、マレットの材質を変えたり、打つ場所を変えたりすると音色や響きが変わることに気付くことができました。【高】

〈C評価の例〉

●友達と楽しくかけ合いをしながら歌えましたが、友達の呼びかけに対して工夫して答えられるよう声の出し方や強弱表現等について支援していきます。【低】

●3拍子の拍のまとまりを感じて歌えるよう手遊びなどを取り入れて支援していきます。鍵盤ハーモニカではリズムの違い（タン・タン・ウンとターアー・タン）に気を付けて演奏できるよう指使いや息の入れ方について支援していきます。【低】

●スタッカートの理解はできましたが、スタッカート奏ができるよう、タンギングや息の使い方に気を付けて表現できるよう支援します。【中】

●音の上がり下がりを感じ取ることが難しいようです。旋律を指でたどりながら歌ったり、音高をハンドサインで確かめたりしながら旋律の動きに気を付けて歌えるようにしていきます。【中】

●「ふるさと」への思いを込めて歌いたいと思っています。歌詞に込められた思いを理解し、旋律の動きと結び付けながら自然な強弱表現ができるよう支援していきます。【高】

●自分のパートの旋律を正しく演奏できています。他のパートも聴きながら、全体の響きを聴いて演奏できるよう支援していきます。【高】

② 思考・判断・表現

〈A評価の例〉

●「夕やけこやけ」では、１番と２番のそれぞれの歌詞の様子を思い浮かべ、１番は夕方友達と一緒に帰宅する楽しさを出そうと明るい感じで、２番はすっかり日が暮れた夜の感じを出そうと静かな感じになるよう強弱や声の出し方を工夫していました。【低】

●楽器で音探しをする活動では、トライアングルを響かせて打ったり、細かく打ったりして鳴らし方を工夫すると、音の感じが変わることに気付き、他の楽器でもいろいろな鳴らし方を工夫していました。【低】

●「シンコペーテッドクロック」では、ウッドブロックが時計の時を刻む音を、トライアングルがベルの音を表していることに気付き、ウッドブロックを打つリズムが途中で変わることの面白さを感じたり、時計が壊れてしまう様子を思い浮かべたりして曲の楽しさを見いだしていました。【低】

●「とんび」では、歌詞が表すとんびの様子を思い浮かべ、旋律の動きに合う強弱や３フレーズ目の問いと答えの旋律に合う強弱を工夫して歌っていました。【中】

●言葉でリズムアンサンブルをつくる学習では、同じリズを反復することや異なるリズムをつなぐことで面白いアンサンブルができることに気付き、反復や音の重なり、問いと答えなどを工夫してアンサンブルづくりをしていました。【中】

●「いつでもあの海は」では、斉唱の部分は全員の声の響きが一つになるように、二つの旋律が異なるリズムで重なる部分は、波の寄せては返す様子を思い浮かべながら歌おうという思いや意図をもって、どのような歌い方がふさわしいか歌い方を工夫していました。【高】

●「ハンガリー舞曲第５番」の鑑賞では、同じ旋律が繰り返され、速さや強さが変わることで曲想の移り変わりを感じることができ、その変化がこの曲の生き生きした感じを出

していると曲のよさを見いだしていました。【高】

〈B評価の例〉

●かたつむりとお話しているような感じを出したいという思いをもち、歌詞を大切に、かたつむりに呼びかけるような気持ちで歌い方を工夫していました。【低】

●「トルコ行進曲」の鑑賞では、強弱の変化から兵隊がだんだん近づいたり遠ざかったりする様子を思い浮かべ、曲全体を味わって聴いていました。【低】

●身の回りできこえる音を声で表し、見つけた音を繰り返し続けると音楽になることに気付き、友達と重ねたり声の出し方を工夫したりして音楽遊びをしていました。【低】

●「ゆかいに歩けば」の前半の弾んだ感じと後半の滑らかな感じの違いを出すために、弾んだ感じのところはおなかの動きを感じて、軽く弾むようにスタッカートを生かして歌おうと工夫していました。【中】

●「パパゲーノとパパゲーナの二重唱」では、パパゲーノとパパゲーナが、かけ合いをして歌ったり、2人が歌声を重ねて歌ったりしているところが面白いと感じ、物語の様子を思い浮かべて聴いていました。【中】

●「まっ赤な秋」では、歌詞の中で一番思いが込められているのは、同じ歌詞を繰り返す部分であると考え、1回目よりも2回目の言葉に心を込めて強く歌おうという思いをもって歌うことができました。【高】

●声によるリズムアンサンブルをつくる学習では、声の高さや発音の仕方を工夫しながら三つのパートを重ね、終わりの部分では3パートから2パート、最後は1パートにしてだんだん弱くなって終わるようにしたいという思いをもっていました。【高】

〈C評価の例〉

●呼びかけとこたえのかけ合いの面白さは感じ取ることができています。呼びかけに対して、声の出し方をどう工夫するとよいかなど、いろいろな表現の仕方を体験できるよう支援していきます。【低】

●いろいろな楽器を鳴らす楽しさは感じています。楽器を打つ場所を変えたり、バチを変えたりすると音が変わることに気付き工夫して音を出せるよう支援していきます。【低】

●前半と後半の感じの違いについては、感じ取っています。その違いをどのような歌い方で表現すればよいか、歌って確かめていく過程を取り入れ工夫できるようにします。【中】

●リズムアンサンブルをつくる学習では、いろいろな音を出す楽しさは感じています。つくった一つのリズムを繰り返すことによって、音が音楽になっていくことを感じ取れるよう支援していきます。【中】

●曲の山がどこかを感じ取ることはできます。そこを盛り上げるためには、その前の部分はどう歌えばよいかなど、曲全体を考えて工夫できるよう支援していきます。【高】

●日本の音楽にも興味をもっています。楽器の音色に気を付けて聴くことができるよう、楽器の実物と音色が結び付くような活動を取り入れていきます。【高】

3　主体的に学習に取り組む態度

〈A評価の例〉

●鍵盤ハーモニカでいろいろな音を見つける学習では、高い音や低い音、長く伸ばす音や短く切る音、強い音や弱い音など、息の入れ方やタンギングの仕方を楽しくいろいろ試しながら演奏し、音を見つける学習に夢中になって取り組むことができました。【低】

●身の回りの音を見つける活動では、学校で聴こえる音だけでなく、家に帰ってからも公園で聴こえた音、台所から聴こえる音など様々な音に関心をもち、音ノートに書き留めています。【低】

●学校で歌ったわらべ歌を歌って休み時間にも友達を誘って一緒に遊んでいました。また、家に帰っておばあちゃんから他のわらべ歌もたくさん教わり、友達にも教えてあげるなどして積極的に取り組んでいます。【低】

●歌詞から様子を思い浮かべ、大切にしたい言葉はどれかを考え、言葉を生かした歌い方になるように柔らかな声の出し方や息つぎの仕方を工夫したり、友達と聴き合ったりしながら歌う活動に楽しさを感じ、進んで音楽に関わる様子が見られました。【中】

●模範演奏を聴き、口唱歌を覚え、唱歌を繰り返し歌ったあと、締太鼓や長胴太鼓を打つ活動に主体的に取り組み、友達と一緒に声をかけながら元気よく大きな声で太鼓を打つことができました。【中】

●高齢者の方に歌を聴いてもらうために、「ふるさと」についてどんな思い出があるか家族や地域の方などたくさんの人にインタビューし、思いが伝わるように「ふるさと」を歌いたいと友達に呼びかけ、主体的に音楽と関わることができました。【高】

●日本の民謡だけでなく、諸外国にもそれぞれの国の人々が大切に伝えている音楽があることを知り、世界のいろいろな国の音楽や楽器について図書室やインターネットで調べ、その音楽を聴いて味わうなどして音楽に親しむことができました。【高】

〈B評価の例〉

●大切にしたい言葉はどれかを考え、どんな風に歌うとよいか考えながら友達と一緒に歌うことに楽しさを感じ、繰り返し歌うことができました。【低】

●打楽器で音楽づくりをする学習では、呼びかける役とこたえる役の2人組で何度も試しながら楽しんで音楽づくりに挑戦することができました。【低】

●歌詞に思いを込めて歌うためには、3フレーズ目と4フレーズ目をどんな風に歌ったらよいかについて友達と話し合い、いろいろな歌い方を試すことができました。【中】

●合奏する際に、いろいろなマレットを使って木琴を演奏し、曲や自分の出したい音に合うマレットはどれか何度も試しながら合奏に取り組みました。【中】

●歌詞の表す気持ちについて友達と話し合い、この思いを聴いている人に届けたいという気持ちで、表情豊かに歌おうと主体的に取り組んでいます。【高】

●「ソーラン節」を鑑賞し、北海道のニシン漁で漁師の人たちが歌っていた仕事歌だと知り、日本の他の民謡も聴きたいと民謡に大変関心をもつことができました。【高】

〈C評価の例〉

●歌うことに自信がないようです。友達と声をそろえて歌ったり、音楽に合わせて遊んだりする経験を通して、歌うことの楽しさを感じられるようにしたいと思います。【低】

●鍵盤ハーモニカの指使いに自信がなく、演奏することに苦手意識があります。1音でも楽しい音遊びができることを知り、興味をもって演奏できるよう支援していきます。【低】

●鑑賞の活動が苦手なようです。楽器の音色や旋律の重なり方など、何に着目して聴くとよいのかを明確にし、友達と一緒に聴く活動を楽しめるよう支援していきます。【中】

●リコーダーを楽しく演奏することが苦手なようです。「○○に聴かせてあげたい。」という気持ちを大切に友達と一緒に取り組めるようにしていきます。【中】

●歌詞の意味を考えて歌うことが苦手なようです。どんな思いを誰に伝えたいかを大切に歌えるよう支援していきます。【高】

●音楽づくりの活動では、活動に取り組むまでに時間がかかっていました。音色の組み合わせやリズムの重ね方をどのように工夫すればよいかが分かるよう視覚的な支援を行い、友達とつくり上げる楽しさを味わえるようにしていきます。【高】

4　"学びを変える"ためのアセスメント

新学習指導要領では、音楽科で目指す資質・能力を「生活や社会の中の音や音楽と豊かに関わる資質・能力」と規定し、次の①〜③のように「知識及び技能」「思考力、判断力、表現力等」「学びに向かう力、人間性等」について示している。

① 曲想と音楽の構造などとのかかわりについて理解する（知識）とともに表したい音楽表現をするために必要な技能（技能）を身に付けるようにすること

② 音楽表現を工夫することや、音楽を味わって聴くこと

③ 音楽活動の楽しさを体験することを通して、音楽を愛好する心情と音楽に対する感性を育むとともに、音楽に親しむ態度を養い、豊かな情操を培う

①の知識・技能の育成に関しては、曲のよさを理解し、自己と音楽との接点をつくる上で必要な知識を身に付けられるよう共通事項の何を取り上げるのかを考えることが大切で

ある。また、「自分が表現したい音楽表現をするために必要な技能を身に付ける」という部分が重要であり、知識・技能のみを単独に獲得するための学びにならないようにしなければならない。子どもたちが「〜のように表現したい」と思ってもその思いを実現できなければ学びに向かう意欲は低下し姿勢は後退する。自分の思いを実現できてこそ自信がもて、新たな課題に向かって頑張ろうとする姿を生み出すことができる。表現に必要な知識・技能の習得状況について「何ができるようになったのか」、その頑張りを認める評価や「どうすれば課題を克服することができるのか」、についての具体的かつ適切な支援が求められる。

　②の思考力・判断力・表現力の育成においては、表現を工夫したり、味わって聴いたりすることができるよう、音楽を形づくっている要素の中から何を中心的に取り上げなければならないのかを考える必要がある。各題材や教材ごとに取り上げるべき共通事項を明確にすることである。また、表現力の育成に向けては、教師が指導する場面、評価する場面をどう位置づけるのか、子ども同士が学び合える場をどう位置づけるのか等、学習の場面設定についての工夫が大切である。教師の適切な指導や評価がなされない子ども任せの学習において子どもたちが思考・判断して表現することはできない。また、協働の仕方も大きく関わってくる。これまで以上に感性を働かせ、他者とよりよく関わり合いながら音楽表現をしたり、音楽を聴いてそのよさを考えたりすることができるよう学習場面や方策を工夫することが課題である。

　③の学びに向かう力・人間性等の育成については、音楽活動の楽しさを体験できる場を十分に保障しなければならない。仲間とともに合唱や合奏をすることは子どもたちに大きな感動を与えることにつながるが、教育課程における限られた時間数の中でそれを実現していく困難さがあることも現実である。しかし、学校であるからこそ体験できる音楽活動を工夫し、自分が学んでいることに対する関心や理解を深め、学んだことを自覚できるようにしていくことが大切である。

　音楽科の学びを通して何ができるようになるのか。それは、感性を働かせ、他者と協働しながら音楽表現をしたり、音楽を聴いてそのよさを考え、理解したりすることにより、人間性を豊かにすることである。子どもが主体的に音楽と向き合うこと、表現に対する思いや考えを深められること、音楽の本質に触れそのよさを理解できること、日常に溢れる音や音楽への関心や理解を深めること等ができるようにするために、「主体的・対話的で深い学び」による授業改善が求められるのである。

　音楽は本来体験を通して学ぶ教科であり、個々が能動的に取り組まなければ学習が成立しない。一人一人が感性を働かせ、主体的に学ぶためには体験の仕方を工夫すること、ねらいを明確にし、目指す表現をするための問題解決的な学びをすること、課題解決に向けて協働的な学びができる場が大切となる。そして、子どもたちのアクティブな活動と教師

の子どもへの確かな指導と評価が相まってより豊かな音楽科の学習が成立するのである。

●**参考文献**
文部科学省『小学校学習指導要領（平成29年告示）解説 音楽編』東洋館出版社、2017年、p.6-82
市川郁子「音楽科における「主体的・対話的で深い学び」」大谷大学大谷学会『大谷學報』98巻1号、p.23-44

図画工作

●評価の観点及びその趣旨（指導要録）

（1）評価の観点及びその趣旨

観点	知識・技能	思考・判断・表現	主体的に学習に取り組む態度
趣旨	・対象や事象を捉える造形的な視点について自分の感覚や行為を通して理解している。 ・材料や用具を使い、表し方などを工夫して、創造的につくったり表したりしている。	形や色などの造形的な特徴を基に、自分のイメージをもちながら、造形的なよさや美しさ、表したいこと、表し方などについて考えるとともに、創造的に発想や構想をしたり、作品などに対する自分の見方や感じ方を深めたりしている。	つくりだす喜びを味わい主体的に表現及び鑑賞の学習活動に取り組もうとしている。

（2）学年別の評価の観点の趣旨

観点／学年	知識・技能	思考・判断・表現	主体的に学習に取り組む態度
第1学年及び第2学年	・対象や事象を捉える造形的な視点について自分の感覚や行為を通して気付いている。 ・手や体全体の感覚などを働かせ材料や用具を使い、表し方などを工夫して、創造的につくったり表したりしている。	形や色などを基に、自分のイメージをもちながら、造形的な面白さや楽しさ、表したいこと、表し方などについて考えるとともに、楽しく発想や構想をしたり、身の回りの作品などから自分の見方や感じ方を広げたりしている。	つくりだす喜びを味わい楽しく表現したり鑑賞したりする学習活動に取り組もうとしている。
第3学年及び第4学年	・対象や事象を捉える造形的な視点について自分の感覚や行為を通して分かっている。 ・手や体全体を十分に働かせ材料や用具を使い、表し方などを工夫して、創造的につくったり表したりしている。	形や色などの感じを基に、自分のイメージをもちながら、造形的なよさや面白さ、表したいこと、表し方などについて考えるとともに、豊かに発想や構想をしたり、身近にある作品などから自分の見方や感じ方を広げたりしている。	つくりだす喜びを味わい進んで表現したり鑑賞したりする学習活動に取り組もうとしている。
第5学年及び第6学年	・対象や事象を捉える造形的な視点について自分の感覚や行為を通して理解している。 ・材料や用具を活用し、表し方などを工夫して、創造的につくったり表したりしている。	形や色などの造形的な特徴を基に、自分のイメージをもちながら、造形的なよさや美しさ、表したいこと、表し方などについて考えるとともに、創造的に発想や構想をしたり、親しみのある作品などから自分の見方や感じ方を深めたりしている。	つくりだす喜びを味わい主体的に表現したり鑑賞したりする学習活動に取り組もうとしている。

❶　知識・技能

〈A評価の例〉

●「いろいろ色水」において、色水を混ぜたり、色水が入ったカップをいろいろな角度から見たりしています。色水をつくったり並べたりしながら、様々な色の違いに気づくことができます。【低】

●いろいろな箱を組み合わせながら、自分がつくりたいものをイメージし、イメージした形に近づくようにするために接着の仕方を工夫することができます。【低】

●身の回りにあるものをよく観察し、面白い形を見つけたものを自分がイメージしたものに見立てて、その面白さをことばや絵に表して友達に伝えることができます。【低】

●手を十分に働かせて粘土を伸ばしたり高くしたりすることで、粘土の質感が分かり、それを生かしながら、粘土でいろいろな形をどんどん表して、自分なりの「粘土ワールド」をつくることができます。【中】

●とび出す仕組みを使ったカード作りで、伝えたい気持ちにあった形や色の感じを見つけ、とび出す仕組みを生かした表し方を工夫することができます。【中】

●はりがねを丸い形に曲げていくつかの球状をつくり、リズムよく並べています。また、球状のはりがねに色をつけ、色のバランスを考えて鮮やかさを表すことができます。【高】

●墨の特徴である「かすれ」や「ぼかし」をバランスよく組み合わせて表すことができます。また、自分が面白いと感じる形をつくりだすために、体全体を使いながら、筆を様々な方向に動かすことができます。【高】

〈B評価の例〉

●自分がかきたいものを絵に表す際に、クレヨンやパスなどを使い、好きな色を選んでかくことができます。【低】

●粘土を使って自分の思いを表すために、手やヘラ、竹ぐしを使って形をつくることができます。【低】

●身の回りにあるでこぼこの形を粘土や紙に写し取って、見つけた形の面白さを味わうことができます。【低】

●絵の具の水の量や筆の持ち方を変えながら、絵の具でできる色や形の感じを見つけることができます。【中】

●光を通すセロハンなどの形や色を工夫していく造形遊びで、セロハンを重ねていくことで色の変化に気づくことができます。【中】

●階段の光が射す場所の特徴を生かして、カラーセロハンを窓に貼り、さらに、画用紙でつくった海の生物を壁に貼ることで、光の海をイメージすることができます。【高】

●古くから日本にある伝統の美術作品から、屏風に描かれた作品の奥行きの感じや焼き物に表されている色の美しさを見つけることができます。【高】

〈C評価の例〉

●お話から思いうかべたことを、友達の作品を参考にしながら工夫ができるようになってきました。自分で思いに合う色や形を思いつくことができると、自分なりの作品にすることができます。【低】

●紙の折り方や切り方を工夫することで、いろいろな形が生まれることに気づくことができます。たくさん試して、自分なりの作品になるようにしてほしいと思います。【低】

●のこぎりで切った板をいろいろな組み合わせを試してみることで、自分の思いにあった形が生まれます。これからもいろいろと試しながら製作していくとよいでしょう。【中】

●集めた石や葉、木の実などの材料の形や色を生かして、空き箱に並べ方や組み合わせ方の工夫をするとよいでしょう。そうすると、自分が面白いと感じる作品ができることでしょう。【中】

●糸のこぎりで切った様々な形の板を、いろいろな組み合わせを試していくことで、自分の思いに合った形が生まれてくることでしょう。【高】

●音の賑やかさを多色で表したり、音の重なりを色の重なりで表したりして、音と色や形の特徴を結びつけた表し方を試していくとよいでしょう。【高】

2 思考・判断・表現

〈A評価の例〉

●思いのままにちぎった紙を並べながら、色や形の組み合わせを考えて貼り合わせて、自分がイメージしたお話の絵に合うように表すことができます。【低】

●カッターナイフを使って、様々なまどの形を考えていろいろと試しています。そして、自分がつくりたい建物に合ったまどの形を決めて、面白いまどの形をした建物に表すことができます。【低】

●色紙やペットボトルのキャップを並べる活動において、色の並べ方を自分なりに考えたり、自分で思いついた面白い形を表したりと発想を広げることができます。【低】

●磁石のくっついたりはなれたりする特性を生かして、くっついたりはなれたりすると面白いと思える形や色を考えてつくることができます。【低】

●布を思いつくままにつなげ、できた形や色を確かめながら、どんどんつくりかえていくことができます。また、つくりかえる中で場所の様子の変化も感じ取ることができます。【中】

●生活の中で心に残ったことを絵に表す際に、そのときの気持ちに合った形や色の感じを

絵の具やペンを使って見つけながら、イメージに近づけていくことができます。【中】

●段ボールを組み合わせたりつなげたりして、楽しいまちになるように想像しながら、友達と考えを出し合って形や色の工夫を考えることができます。【中】

●春から受けた明るいイメージを、明るい色である黄色や赤などをバランスよく配置しています。また、画用紙一杯に花を描くことで、春＝生命をイメージできます。【高】

●光を通す材質であるペットボトルやビー玉などの材料の質感を捉え、光の効果を生かした組み合わせにして表すことを考えることができます。【高】

〈B評価の例〉

●粘土を手や指を使ってどんどん紐のように伸ばし、伸ばした紐からつくりたい形を思いつくことができます。【低】

●いろいろな紙の形をみながら、紙の形からイメージした自分が表したいことを思いつくことができます。【低】

●布やボタン、毛糸などの材料にさわりながら、色や形、質感から感じたことを生かし、表したいことを考えることができます。【低】

●どんなものが乗り物になると楽しいかと考え、身近にあるものからアイデアを広げていくことができます。【中】

●自分の用途に合った物を考え、カラフルの粘土でどのような形や色で飾ると楽しいものになるかをイメージしてつくることができます。【中】

●板をくぎでつないでいきながら、つなぎ方や動き方から、自分がつくりたいものを考えることができます。【中】

●粘土の形を手や用具を用いながら、自分の思いに合った形になるように、つくりかえていくことができます。【高】

●版の特徴である、色の重なりを工夫したり、版を重ねて刷って面白い形にしたりすることができます。【高】

〈C評価の例〉

●ストローを使った動く仕組みから、自分がつくりたいものを考えつくためには、仕組みの向きを変えたり組み合わせたりするとよいでしょう。そのために、いろいろと動きを試しながら製作してほしいと思います。【低】

●新聞紙を使った造形遊びでは、新聞紙をさわっての感じを「ふわふわ」「くしゃくしゃ」などのことばに表してみると、新たなことを思いつき、活動を考え出していくことができるでしょう。【低】

●光を通す材料である、カップやパック、ペットボトルをいろいろと組み合わせてみることで新たな形が生まれるでしょう。自分のお気に入りの形を見つけることができるようになってほしいと思います。【中】

●彫刻刀を使って、どのような線の彫り方にするかを考えることで、できた形の感じが違ってきます。線の彫り方を工夫することで、自分の思いに合った作品全体の形を見つけることができます。【中】

●場所全体の様子を見ながら、カップを並べたり吊したりしていくと、より面白い活動へと工夫していくことができるでしょう。【高】

●お話をつくり絵に表すには、これまで読んだことがある本などからイメージしてもよいでしょう。また、絵に合った材料を選んで使うことで、お話がより相手に伝わるように表すことができます。【高】

3 主体的に学習に取り組む態度

〈A評価の例〉

●光を通す透明な材料に、油性ペンやセロハンなどで色をつけ、光を通した形や色の面白さや美しさに関心をもち、よりよい作品になるようにと夢中になって活動に取り組むことができます。【低】

●布やボタン、毛糸などの材料を進んで集め、その材料を並べたり重ねたりして色や形をつくりだしたり、硬さや柔らかさなどの質感を生かしたりして、絵に表すことを楽しんでいます。【低】

●振ったり叩いたりすると音が鳴る材料を使って、音の感じに合うような飾りを考えて、楽しみながら音が鳴るものをつくることができます。【低】

●空き箱を活用して音が鳴る楽器をつくる学習では、友達と協力してつくるだけでなく、友達とつくった楽器で演奏を楽しむことができるようにと、自ら進んで衣装なども考えてつくることができています。【中】

●校舎の周りにある面白い場所の特徴を生かして、友達とアイデアを出し合いながら協力して楽しい活動にすることができます。【中】

●身近にある美術作品を鑑賞する活動の中で、進んで作品の色や形の面白さを感じ取り、友達との感じ方の違いを共感的に受けとめることができます。また、自分の周りにある造形作品にも興味をもち、鑑賞することを楽しむことができます。【中】

●電動糸のこぎりで、いろいろな形になるようにと発想を広げ、楽しみながら切ることができます。その際、安全に気をつけ、ゆっくりと手を動かしながらできます。【高】

●「あったらいいなこんな町」では、自分のイメージした作品になるように、何度もアイデアスケッチを書きかえながら粘り強く取り組むことができます。【高】

●美術作品に表されている「海」を鑑賞し、筆の動かし方や色の組み合わせやバランスの違いを感じ取り、自分でも実際に試しながら、鑑賞を楽しむことができます。【高】

〈B評価の例〉

●画用紙で作った輪に、いろいろな飾りをつけたものを自分につけることで、変身することを楽しむことができます。【低】

●身の回りで見つけたでこぼこの形に興味をもち、粘土や紙にこすりだしていくことを楽しみながら活動することができます。【低】

●お話を聞いたり読んだりして、お話の内容やことばから想像を広げて、自分なりの絵に表すことを楽しむことができます。【低】

●「へんしん！わたしの小物入れ」で、どのように使うかを考えて、空き容器に粘土で飾りつけを楽しむことができます。【中】

●生活の中で、心に残っている場面の様子や気持ちを思い出して、どのような形や色に表すとよいかを楽しむことができます。【中】

●小石や葉など身近にある自然のものを見たりさわったりして、形や色の違いを味わいながら、自分の見方を広げることができます。【中】

●転がる動きのある面白いコースを、友達と協力してつくったり、一緒に遊んだりすることができます。【高】

●学校にある思い出の場所を絵に表し、自分の思い出とととともに友達に伝えることができます。【高】

●自分に合った筆を選びながら、墨で紙いっぱいに思い切りかくことを楽しむことができます。【高】

〈C評価の例〉

●折った紙を切るためにハサミの使い方に慣れるために、どんどん紙を切ることを試すとよいでしょう。そうすると、自分の思いに合うような形ができるようになり、つくったり飾ったりすることを楽しむことができます。【低】

●手や指を使って何度も何度も粘土をつくりかえながら粘り強く取り組むことで、自分の思いに合った形を見つけることができます。そうなると、粘土を使った活動をより楽しむことができます。【低】

●身近にある材料の形や色をよく観察し、形や色から想像したものを、自分が知っているものとつなげて考えてみましょう。自分と友達の考えの違いに気づき、鑑賞する活動を楽しむことができます。【低】

●友達と段ボールを立てたり開いたりして、どのように立てると面白くなるか、また、開いたときにどのようなものが見えると楽しいかなどを話し合いながら活動することで、新しいことを思いつくことができます。【中】

●友達の工夫にも目をむけながら製作していくと、ビー玉の転がり方を楽しむコースのアイデアを思いつくことができます。友達のよさを自分に生かすことで、自分なりのコー

スをつくることができます。【中】

●彫りすすみながら表していく木版を楽しんで活動するには、どのような色をつけるかの彫る順番を考えたり、様々な彫刻刀を使った彫り方を考えたりするとよいでしょう。【高】

●布を液体粘土につけて固めた形について、いろいろな見方をすることで、様々な作品のイメージができ、想像が広がっていくことでしょう。自分だけでなく友達と、どんな見方ができるかを話し合ってみることもよいでしょう。【高】

4 "学びを変える" ためのアセスメント

　子どもたちの "学びを変える" ためのアセスメントには、二つの側面がある。一つは、その題材や授業を通して「どのような力が身に付いたのか」ということを、学びの主体である子ども自身に自覚化を促す側面である。もう一つは、教師の授業に対する自省を促し、創意工夫や改善を引き出していく側面である。この二つの側面から、図画工作の "学びを変える" ためのアセスメントについて述べていく。

　まずは、題材や授業を通して「どのような力が身に付いたのか」を、子どもに自覚化を促す側面についてである。図画工作は、「表現や鑑賞の活動を通して」、子どもたちに資質・能力を育むものである。例えば、低学年の造形遊びである「色水づくり」では、子どもたちは思いのままに色を混ぜる活動を行う。その活動の中で、子どもたちは、自分の好きな色を発見したり、友達がつくりだした色と比べたりしていく。また、色水を並べて自分なりの形をつくりだしたりする。そのような子どもの姿は、「自分の感覚や行為を通して、形や色などに気付くこと」（知識・技能）「形や色を基に、自分のイメージをもつ」（思考力、判断力、表現力等）の資質・能力を育んでいると言える。しかしながら、子どもたちは夢中になっている活動の中で、そのようなことを無自覚に行っていることが多い。無自覚なままでは、次の学習や学びに生かすことができないのである。そこで、教師のアセスメントが必要である。具体的に言うと、活動後に振り返りの時間をとり、発想や構想、技能や友達からの気付きなどの視点を持たせ記述させる。そして、教師がその振り返りのよさを価値付けることで、子どもは自覚化し、次の学びへとつなげていくのである。だから、図画工作の授業において、教師は活動の結果としての作品だけでなく、子どもの活動中の姿を丁寧に見取らなければならないのである。そうしなければ、アセスメント（支援）としての評価をすることは難しいと言える。

　次に、教師の授業改善を引き出していく側面についてである。新学習指導要領では、子どもたちの資質・能力を育成していくために、「主体的・対話的で深い学び」の実現に向けた授業改善を求められている。これまでに多く見られた教師主導の授業からの脱却であ

る。図画工作で言うならば、「コンクールに出品するから、先生が決めた題材で、先生の言うとおりに描きなさい。」「見栄えがよくなるように、先生が決めた材料だけを使って作りなさい。」といったような題材で授業をしていても、子どもたちの資質・能力を育むことはできないのである。今回、Ｃ評価のコメントも記載しているが、それは、子どもが資質・能力を身に付けることができなかったのではなく、教師が身に付けさせることができなかったとも考えられるのである。

　だからこそ、教師は、図画工作の題材を通して育てたい資質・能力を明確にして授業を実践していくことが重要である。例えば、発想や構想の能力を育てたいと願うのであれば、題材名を「不思議な種から」と子どもがわくわくする気持ちが湧くように工夫し、「不思議」からどのようなことをイメージするかをことばで表したり、子どもたちが不思議な種を紙粘土で製作し、そこからどのような芽が出て、成長するとどうなるのかと想像を膨らませるような題材構成にしたりするのである。

　その他には学習環境の工夫も考えられる。例えば、造形物を多様な見方ができるようにしたいと願うのであれば、食紅を使った色水づくりで、透明なアクリル板を準備しておき、アクリル板の上に置いた色水を下方から見ることができるようにしておく。そうすることで、子どもは多角的に見ることで美しさを感じることが分かり、様々な見方をするようになる。その他にも、子どもたちが十分に使うことができる材料の数や種類、活動する場所による発想の広がりなどの視点で授業を改善していくことが考えられる。

　教師が、育てたい資質・能力を明確にして授業を行い、子どもの姿から授業を自省していくことで、一人一人の子どもの成長を見取ることができる評価（アセスメント）が実現し、子どもたちの“学びを変え”ていくことができるのである。

●参考文献
石井英真著『中教審「答申」を読み解く』日本標準、2017年
髙木展郎著『評価が変わる、授業を変える』三省堂、2019年
阿部宏行著『学びとしての図画工作　題材のABC』日本文教出版、2018年

家　庭

●評価の観点及びその趣旨 (指導要録)

観点	知識・技能	思考・判断・表現	主体的に学習に取り組む態度
趣旨	日常生活に必要な家族や家庭、衣食住、消費や環境などについて理解しているとともに、それらに係る技能を身に付けている。	日常生活の中から問題を見いだして課題を設定し、様々な解決方法を考え、実践を評価・改善し、考えたことを表現するなどして課題を解決する力を身に付けている。	家族の一員として、生活をよりよくしようと、課題の解決に主体的に取り組んだり、振り返って改善したりして、生活を工夫し、実践しようとしている。

1　知識・技能

〈A評価の例〉

●家庭生活は家族によって成り立っていることや、自分が大切な家族の一員であることに気付き、家族とのふれあいや団らんによって家族の気持ちを伝えたり触れ合うことができ、家族相互のつながりが深まることや楽しく触れ合ったり気持ちを伝え合う方法を具体的に多様にイメージしながら理解できました。

●調理に必要な材料や分量や手順がわかり、調理計画についてよく理解し、手際よく調理できる基礎的・基本的な知識・技能を身に付けています。なぜそうするのかをよく理解して手順を考えたり、状況を判断して知識や技能を使いこなせています。調理カードにもわかりやすくまとめていました。

●体に必要な栄養素の種類と主な働きについて理解し、栄養を考えて食事をとることの大切さを理解しています。のぞましい食事をするための献立を構成する要素について、主食・主菜・副菜があることがわかり、食品を組み合わせて食べることによって栄養のバランスがとれることを理解しています。毎日の給食の献立を、確認できる五大栄養素の食品グループの表で確かめていました。

●布を用いた製作に必要な材料や手順がわかり、製作計画について製作するものの目的に応じて理解することができます。手縫いやミシン縫いによる目的に応じた縫い方や用具の安全な取扱いについて理解し、適切に手際よく行うことができます。友達にも上手に教えてあげていました。

●買い物の仕組みや消費者の役割を理解し、物や金銭の大切さと計画的な使い方について

理解することができています。身近な物の選び方、買い方を理解し、購入するために必要な情報の収集・整理が適切にできます。多様な場面で自分の生活と身近な環境との関わりや環境に配慮した物の使い方などについても理解できています。不用品の活用の仕方もたくさん考えることができました。

〈B評価の例〉

●家庭生活は家族の協力だけではなく、地域の人々との関わりで成り立っていることがわかり、地域の幼児や高齢者など、自分の生活にも関わりがあり、日常のつながりによって共に協力し、助け合って生活することが必要であることを理解しています。

●手縫いやミシンの特徴をよく理解し、安全に手際よく生活に役立つ物の製作ができました。繰り返し使う中で、基礎的な技能も身に付けることができました。

●食事は健康を保ち、体の成長や活動のもとになることや一緒に食事をすることで人と楽しく関わったり、和やかな気持ちになれることを理解した上で、正しい食事の仕方について基礎的・基本的な知識・技能を身に付けています。

●材料に適したゆで方、いため方を理解し、手順については、根拠をもって適切にゆでたり、いためたりすることができます。

●伝統的な日常食である米飯やみそ汁の調理の仕方を理解し、適切に調理することができます。米飯については、洗い方、水加減、浸水時間、加熱の仕方、蒸らし方など、一連の操作や変化について理解し、炊飯することができます。みそ汁については、だしのとり方や中に入れる実の切り方や入れ方、みその風味を損なわない扱い方など理解し、みそ汁を調理することができました。

●住まいの整理・整頓や清掃の仕方を理解し、適切に行うことができます。

〈C評価の例〉

●調理実習は大好きですが、必要な用具や食器の安全で衛生的な取扱いがまだ確実には理解して使用することができない場面もありました。例えば包丁の安全な取扱い方、まな板やふきんの衛生的な取扱いについて何度も経験することで理解し、適切に衛生的で安全に扱うことができます。家庭でも実践しながら、自信を持って調理ができるように指導していきたいと思います。

●住まいの主な働きを調べたり、季節の変化に合わせた生活の仕方を学習しましたが、自分の生活に生かすために、自然の光や風通しなどと家の中でできる工夫に結びつけることが難しかったようです。日常の生活の中でも生かされている具体の方法について、なぜそうしているのか関連づけられるように指導していきたいと思います。

2　思考・判断・表現

〈A評価の例〉

●家族や地域の人々とのよりよい関わりについて工夫することができます。課題と実践では、日常生活の中から問題を見いだして課題を設定し、よりよい生活を考え、計画を立てて実践し、内容にあった方法で発表することができました。

●調理実習では課題を解決するために、身に付けた基礎的・基本的な知識及び技能を活用し、おいしく食べるために健康・安全などの視点から、調理計画や調理の仕方を考え、さまざまな方法で工夫することができました。特にみそ汁作りでは、オリジナルの実の取り合わせや切り方の工夫が素晴らしかったです。

●新聞記事や雑誌の中から整理・整頓の仕方のおすすめアイデアを見つけてまとめ、発表することができました。学習したことを活用して、持ち物の分類をしたり、自分で実践したことを図や文字であらわしてわかりやすく工夫していました。

〈B評価の例〉

●栄養を考えた食事について課題を解決するために、身に付けた基礎的・基本的な知識及び技能を活用し、健康などの視点から栄養のバランスを考えて、1食分の献立を工夫することができます。

●調理実習では、調理の目的を考えて、材料に応じた洗い方や切り方を工夫していました。ゆで野菜の調理でも、切り方とゆで時間の関係を考えて調理していました。

●生活に役立つ物の製作では、作品を創り出すための手順や時間などを考えて、自分なりに見通しをもって取り組むことができます。新聞紙で試し作りをして布の大きさを考えたり、製作計画に役立てたりしようとしていました。

●快適な住まい方についての課題を解決するために、身に付けた基礎的・基本的な知識及び技能を活用し、健康・快適・安全などの視点から、季節の変化に合わせた住まい方及び整理・整頓や掃除の仕方を考え、工夫することができます。

●身近な消費生活についての課題を解決するために、身に付けた基礎的・基本的な知識・技能を活用し、持続可能な社会の構築などの視点から、物の選び方、買い方を考え、工夫することができます。

〈C評価の例〉

●生活を豊かにするための布を用いた製作についての課題を解決するために、身に付けた基礎的・基本的な知識及び技能を活用するのが難しいようでした。製作計画や製作方法を考えたり、学習してわかったことやできるようになったことをうまく活用したりして製作活動につながるように指導していきます。

●環境に配慮した生活についての課題を解決するために、身に付けた基礎的・基本的な知

識を活用したり、持続可能な社会の構築の視点から、自分の生活経験と身近な環境との関わりを見いだしたりするのは難しいようでした。自分の生活をよく見つめて、物の買い方や使い方などを考え工夫することができるように継続して考える学習の機会をつくりたいと思います。

3 主体的に学習に取り組む態度

〈A評価の例〉

●家族の一員として、食生活をよりよくしようと、「朝食作り」の課題の解決に主体的に取り組んだり、振り返って改善したり、自分だけでなく家族の朝食を充実させるように生活を工夫し、粘り強く継続的に実践しようとしています。家族が喜ぶ朝食のおかず作りでは、家族の健康にも気を配っておかず作りの計画を立てていました。

●家族の一員として、衣生活をよりよくしようと、「生活に役立つ物の製作」の課題の解決に主体的に取り組んだり、振り返って改善したり、発展的に応用的に製作によって生活が楽しく快適になるように工夫し、粘り強く継続的に実践しようとしています。日頃、家族の生活をしっかりよく見ていることがわかりました。

●家族の一員として、消費生活と環境をよりよくしようと、「買い物名人をめざそう」の課題の解決に主体的に取り組んだり、振り返って改善したりして、よりよい消費生活や環境に配慮した生活になるよう工夫し、粘り強く継続的に実践しようとしています。これまでの生活を振り返って、今は本当に必要かどうかをよく考えて買うようにしていると、実践カードに書いてありました。

●「生活に役立つものの製作」では、段階見本や資料などに関心をもち、それらをよく見て自分の作りたいものの仕組みや作り方を調べていました。丈夫にできるように縫い方を研究したり、やり直したり、根気強く作品の製作に向かうことができました。

〈B評価の例〉

●家族の一員として家族の生活を支える仕事に関心を持ち、工夫しながら分担した仕事を継続して課題の解決に向けて主体的に取り組もうとしています。実践カードにも自分の仕事がきちんと書かれていました。

●健康面から自分の食生活を見直して、栄養のバランスを考えてかたよりのない食事をとる計画に結びつけて一連の活動を振り返って改善しようとしていました。

●家族の一員として、住生活をよりよくしようと、「季節に合った住まい方の工夫」の課題の解決に主体的に取り組んだり、振り返って改善したりしてよりよい住生活になるよう工夫し、実践しようとしています。明るさや暖かさについても適切な基準を調べたり、発表したりしていました。

●友達と相談したり教え合ったりして、楽しく製作しようとする場面がよく見られました。友達の作品についても、よさや工夫したところをたくさん見つけて交流し、今後にも生かそうとしていました。作品を実際に使ってみて、形や縫い方など工夫すればよい点を見つけることができました。丈夫にするために、もう一度縫い直して使っていました。

●家庭からでるゴミの種類や量と生活の仕方との関連に関心を持って調べ、主体的に物の買い方や使い方を見直そうとしていました。

〈C評価の例〉

●調理実習では、まだ自信が持てずに、自分の計画通りに作業をすすめることが難しかったようです。何度も計画を見直したり、実際に作業の仕方や用具の使い方をイメージできるように、学校での学習を生かして何度も家庭でも実際に自分でやってみたりしましょう。きっと自信を持って、学校でも家庭でもできると思います。

●家庭からでるゴミの種類や量と生活の仕方から、主体的に物の買い方や使い方を見直すことまでは結びついていなかったようです。日常の生活の記録をしたり、客観的な資料から気づけるように意識を持っていけるとよいでしょう。

4 "学びを変える" ためのアセスメント

　今回の学習指導要領改訂のポイントとして一つは、「質の高い深い学び」を実現するために、「生活の営みに係る見方・考え方」を働かせることが明記された。「生活の営みに係る見方・考え方」とは、家庭科で学習対象としている生活事象を「協力・協働」、「健康・快適・安全」「生活文化の継承・創造」「持続可能な社会の構築」等の四つの視点で捉えることである。この四つの視点で「家族・家庭生活」「衣食住の生活」「消費生活・環境」の内容を捉えるとき、設定された題材の中で主として捉える視点を中心に複合的に発達段階に合わせて、学習をすすめることが大切である。

　また、今回の改訂のポイントのもう一つの点は、家庭科における課題解決学習を中心とした学習過程である。「生活の課題発見」→「解決方法の検討と計画」→「課題解決に向けた実践活動」→「実践活動の評価・改善」→「家庭・地域での実践」といった課題解決の過程である。

　一連の学習過程を通して **「知識及び技能」** は、「実生活において活用できる」レベルで習得されることが必要である。それを見取るためには、出題の仕方も工夫する必要がある。

　「思考力・判断力・表現力」 の評価については、学習過程にそって「生活」の中から課題を見いだし、それを多角的に捉えて解決策を構想する評価場面が想定されている。ま

た、「他者と意見交流し」とあるように対話を通して学びを深める評価の場面も想定されている。このような「思考力・判断力・表現力」を捉えるためには、パフォーマンス課題による評価など新しい評価の工夫も有効であると考えられる。子どもたちの生活にできるだけ密着した必然性のある課題設定であることも重要なポイントである。

　「主体的に学習に取り組む態度」 の評価については「知識及び技能を習得させたり、思考力、判断力、表現力等を育成したりする場面に関わって、行う」ものであり、この観点のみを取りだして形式的態度を評価することにならないように評価の方法を工夫することが求められている。特別な評価の場面を設けるというよりは、子どもたちのワークシートや、発言など日常的な評価活動の中で捉えることも考えられる。

　家庭科は、日常の家庭生活の事象を内容と扱うので、子どもたちを取り巻く環境が多様化していることにも配慮が必要である。「児童によって家族構成や家庭生活の状況が異なることから、各家庭や「児童のプライバシーを尊重し、十分配慮しながら取り扱うようにする」[1]ことが指摘されている。これらのことを十分に踏まえて、課題を設定することが重要と言える。

●注
1　文部科学省『小学校学習指導要領（平成29年告示）解説　家庭編』東洋館出版社、2017年、p.12

●参考文献
岸田蘭子「学習に関する所見文例（家庭）」加藤明編集『［小学校］一人ひとりの子どもが輝く通知表記入文例集』
　　教育開発研究所、2011年
森枝美「生活をよりよくしようと工夫する資質・能力を育てる」石井英真・西岡加名恵・田中耕治編著『小学校
　　新指導要録改訂のポイント』日本標準、2019年

体　育

●評価の観点及びその趣旨（指導要録）

（1）評価の観点及びその趣旨

観点 趣旨	知識・技能	思考・判断・表現	主体的に学習に取り組む態度
趣旨	各種の運動の行い方について理解しているとともに、基本的な動きや技能を身に付けている。また、身近な生活における健康・安全について実践的に理解しているとともに、基本的な技能を身に付けている。	自己の運動の課題を見付け、その解決のための活動を工夫しているとともに、それらを他者に伝えている。また、身近な生活における健康に関する課題を見付け、その解決を目指して思考し判断しているとともに、それらを他者に伝えている。	運動の楽しさや喜びを味わうことができるよう、運動に進んで取り組もうとしている。また、健康を大切にし、自己の健康の保持増進についての学習に進んで取り組もうとしている。

（2）学年・分野別の評価の観点の趣旨

観点 学年	知識・技能	思考・判断・表現	主体的に学習に取り組む態度
第1学年及び第2学年	各種の運動遊びの行い方について知っているとともに、基本的な動きを身に付けている。	各種の運動遊びの行い方を工夫しているとともに、考えたことを他者に伝えている。	各種の運動遊びの楽しさに触れることができるよう、各種の運動遊びに進んで取り組もうとしている。
第3学年及び第4学年	各種の運動の行い方について知っているとともに、基本的な動きや技能を身に付けている。また、健康で安全な生活や体の発育・発達について理解している。	自己の運動の課題を見付け、その解決のための活動を工夫しているとともに、考えたことを他者に伝えている。また、身近な生活における健康の課題を見付け、その解決のための方法を工夫しているとともに、考えたことを他者に伝えている。	各種の運動の楽しさや喜びに触れることができるよう、各種の運動に進んで取り組もうとしている。また、健康の大切さに気付き、自己の健康の保持増進についての学習に進んで取り組もうとしている。
第5学年及び第6学年	各種の運動の行い方について理解しているとともに、各種の運動の特性に応じた基本的な技能を身に付けている。また、心の健康やけがの防止、病気の予防について理解しているとともに、健康で安全な生活を営むための技能を身に付けている。	自己やグループの運動の課題を見付け、その解決のための活動を工夫しているとともに、自己や仲間の考えたことを他者に伝えている。また、身近な健康に関する課題を見付け、その解決のための方法や活動を工夫しているとともに、自己や仲間の考えたことを他者に伝えている。	各種の運動の楽しさや喜びを味わうことができるよう、各種の運動に積極的に取り組もうとしている。また、健康・安全の大切さに気付き、自己の健康の保持増進や回復についての学習に進んで取り組もうとしている。

① 知識・技能

〈A評価の例〉

●固定施設を使った運動遊びでは、登ったり下りたり渡り歩いたりをスムーズで安定した動きで行うことができました。【低】

●リレー遊びでは、ルールをしっかり理解して、次の友達が受け取りやすいようにバトンパスを行うことができました。【低】

●水遊びでは、くらげ浮きやふし浮きをしながら水中で息を吐くことができていました。【低】

●パスゲームでは、友達のパスを落とさず受けることができました。また、自分より前にいる友達を見つけ受けやすいパスを投げることができました。【低】

●マットを使った運動遊びでは、前転がりや後ろ転がり、カエルの足打ち等たくさんの動きをスムーズに行うことができました。【低】

●体ほぐしの運動では、のびのびとした動作や弾むような動作で体を動かすことができました。また、みんなで運動すると楽しさが増すことを実感していました。【中】

●跳び箱運動では、助走、踏切、着手、着地の仕方を理解し、開脚跳びやかかえこみ跳びをダイナミックに行うことができました。【中】

●プールの壁を力強く蹴り、体を一直線に伸ばしたけ伸びの姿勢を意識しながら手や足をバランスよく動かし、息継ぎをしながら25mを泳ぐことができました。【中】

●タグラグビーでは、ルールをしっかり理解して行うことができました。また、相手をうまくかわしたり相手をひきつけてからパスをしたりすることができました。【中】

●表現運動では、題材の特徴をとらえながら動きに誇張や変化をうまく付け、流れを工夫しながら踊ることができていました。【中】

●巧みな動きを高めるための運動では、単縄や長縄を使って色々な跳び方をしたり跳ぶリズムを変えたり、ボールを操作しながら跳んだりすることができました。【高】

●マット運動では、自分のできる技をうまく組み合わせて足先まで伸ばすことを意識しながらテンポよくスムーズに回ることができていました。【高】

●50mハードルでは、自分にあったインターバルを見つけ、ハードリングのポイントを意識しながらまたぎ越すイメージでリズムよく跳び越すことができていました。【高】

●水泳における安全確保につながる運動では、タイミングよく呼吸をしたり、手足を動かしたりして安定した姿勢で続けて長く背浮をすることができていました。【高】

●身の回りの生活の中で起こるけがを防止するためには、周囲の危険に気づくことや的確な判断をもとに安全に行動すること、環境を安全に整えることが必要であることをしっかりと理解できています。【高】

●毎日健康に過ごすには運動、食事、休養及び睡眠の調和のとれた生活を送ることが大切であることを理解し、健康がかけがえのないものであることを実感できていました。【高】

〈Ｂ評価の例〉

●鉄棒を使った運動遊びでは、布団干しやこうもり等さかさになる技の練習を繰り返し行い、最後にはしっかりとできるようになりました。【低】

●幅跳び遊びでは、何度も練習をして片足で踏み切れるようになりました。【低】

●水につかって電車ごっこや鬼遊び等、水の中を移動する遊びを楽しく行っていました。また、水中じゃんけんや石拾い、輪くぐり等、もぐる・浮く遊びもできるようになってきました。【低】

●陣取り遊びでは、ルールを守りながら逃げたり、追いかけたりして楽しく遊べていました。【低】

●リズムダンスでは、曲に合わせて友達と動きを合わせながら踊れるようになってきました。【中】

●ポートボールでは友達の指示を聞き、ボールを味方にパスしたらすぐに前に走ったり、空いている場所に動いたりすることができてきました。【中】

●高跳びでは、自分にあった５歩の助走距離を見つけ、リズミカルな助走で跳べるようになってきました。【中】

●台上前転の練習に根気強く取り組み、後頭部を跳び箱に付けてスムーズに回れるようになりました。【高】

●リレーでは、前の走者のスピードを落とさずバトンをもらうために、スタートのタイミングやバトンのもらい方などを繰り返し練習することができました。【高】

●ソフトバレーボールでは、レシーブをする時にボールの方向に体を向けて移動し、ボールを上にあげることができました。【高】

●思春期の体や心について知り、それが大人になるために必要なことであることを理解していました。【高】

〈Ｃ評価の例〉

●跳び箱を使った運動遊びでは、腕でうまく体を支えながらまたぎ乗りやまたぎ下りが少しずつできるようになってきています。【低】

●かけっこでは、真直ぐ前を見て走れるようになってきています。腕を前後に大きくふって走れるとよいでしょう。【低】

●幅跳びでは、片足で強く踏み切ることはできています。両足でしっかりと着地ができるように練習しましょう。【中】

●練習の場を工夫しながら、開脚跳びの練習を繰り返し行いました。体の移動がスムーズにできるようになってきています。あと少しで跳び越せそうです。【中】

●50mハードルでは、ハードルにぶつかることへの恐怖心から、上に高く跳んでしまっていました。ゴムのハードル等を利用した練習をもう少しするとまたぎ越すイメージで跳び越せるようになるでしょう。【高】

●クロールでは、うまく水中で息がはけず息継ぎがしっかりとできなかったり、体に力が入ってしまったりして泳ぐ距離がなかなか伸びませんでした。夏休みにビート板等を使いながら水中でしっかりと息を吐く練習をするとよいでしょう。【高】

●サッカーでは、うまくボールを止めたり蹴ったりすることができるようになってきています。今後は周りを見てフリーの味方にパスが出せるようになるとよいでしょう。【高】

2 思考・判断・表現

〈A評価の例〉

●いろいろな種類の用具の中から一緒に操作すると楽しい物を友達と相談して選び、同じリズムで回したり、投げ合ったりするなど、遊びを工夫することができていました。【低】

●マットを使った運動遊びでは、遊び方を工夫するだけでなく友達の良い動きを見付け周りの友達にわかりやすく教えてくれていました。【低】

●水遊びでは、示された遊び方の中から自分がやってみたい遊びを選んで楽しく遊べました。もっと楽しく遊べるようにルールや道具をかえて遊ぶこともできました。【低】

●幅跳びでは、助走の仕方や踏切の方向などについて友達からのアドバイスをもとに自分の課題を見付け、解決のための練習方法を適切に選ぶことができました。【中】

●表現運動では、互いの踊りを見合いながら特徴を捉えた動きや変化のある動きなど友達のよかったところをわかりやすく伝えることができました。【中】

●ポートボールでは、自分たちのチームの特徴に応じた作戦について的確に選び、選んだ理由をチームの人に伝えることができました。【中】

●マット運動では学習資料やタブレットを活用して、挑戦する技のイメージや気を付けるポイントをつかむことができました。また、自分の試技とイメージ映像を比べて自分の課題を見付け、その課題解決のための練習の場を適切に選ぶことができました。【高】

●リレーでは、スタートのタイミングやバトンのもらい方について、同じチームの仲間とそれぞれの課題について話し合い、自分の課題に適した練習方法を選ぶことができました。【高】

●サッカーでは、自分たちのチームの特徴や相手チームの攻め方をもとに、相手のいない所に走ってボールをもらうことやマークを決めて守ること等いろいろな作戦を考え提案してくれました。【高】

〈Ｂ評価の例〉

●跳び箱を使った運動遊びでは、少し頑張ればできそうな跳び越し方を選び、友達と励ましあいながら活動することができました。【低】

●走の運動遊びでは、真直ぐのコースや丸のコース、ジグザグのコースの中から自分のやりたい運動遊びの場を選んで楽しく活動できていました。【低】

●表現遊び「遊園地の乗り物」では、友達の踊りで一番気に入った様子や動きを伝えることができました。【低】

●高跳びでは、リズミカルな助走や足の振り上げ方等について友達のアドバイスを聞き、それをもとに気を付けるポイントを意識して活動していました。【中】

●水泳運動では、息継ぎがスムーズにできるように水中でのボビングの数を数えたり、顔のあげ方を工夫したりしていました。【中】

●ハンドベースボールでは、みんなが楽しめるように、ルールの変更について考え、みんなに提案してくれていました。【中】

●体ほぐしの運動では、簡単な運動をみんなで行うことや、タイミングを合わせて動いたり、リズムにのって動いたりするととても楽しかったことを振り返りの時間に発表してくれていました。【高】

●跳び箱運動では、自分が挑戦する技を決め、自分にあった練習の場を選んで活動することができました。【高】

●ソフトバレーボールでは、レシーブの時に手を振らない等の気を付けるポイントを意識してプレーすることができました。【高】

〈Ｃ評価の例〉

●多様な動きをつくる運動遊びでは、なかなか自分で遊びを選ぶことができませんでしたが「仲の良いお友達の遊びをまねしてごらん。」と伝えると、友達の動きをまねて楽しく活動していました。【低】

●水遊びでは先生が示した遊びを楽しく行えました。自分たちで遊びを考える時に、自分の考えた遊びをグループの人に伝えられるようになると、みんながもっと楽しく遊べると思います。【低】

●マット運動では、挑戦している技ができるようになるために何度も練習をしていました。学習資料や友達からのアドバイス等を参考にして練習してほしいと思います。【中】

●小型ハードル走では、いつも全力で走り力いっぱい活動してくれていました。リズミカルに走り越すためのポイントを意識して跳べるようになると、さらによいタイムが出ると思います。【中】

●50mハードル走では、自分の課題を解決するための練習の場を適切に選んで練習できると、もっとリズミカルに跳べるようになると思います。【高】

●病気の予防や回復のために必要なことは何かを考えることができました。なぜそう考えたのかを理由をつけてわかりやすく説明できるとさらに学習が深まると思います。【高】

③ 主体的に学習に取り組む態度

〈A評価の例〉

●チャイムがなると、一番に運動場に飛び出していき、みんなが準備しやすいように準備物を前に並べたり、学習カードを配ったりしてくれていました。【低】

●マット運動では、友達がうまく技ができた時に一緒に喜んだり、うまくいかずに悩んでいる友達には励ましの声をかけたりしてくれていました。【低】

●水泳運動では、準備運動や水なれの運動を正しく行ったり、バディで互いに健康観察を丁寧に行ったりするなど安全に気を付けながら活動できました。【中】

●ポートボールでは、相手チームともめそうになった時に公正に対応をし、スムーズにゲームが続けられるようにしていました。【中】

●リズムダンスで動きを考える時には、積極的に自分の考えをのべるだけでなく友達の意見を認めながら進めることができました。【高】

●バスケットボールでは、パスキャッチが苦手な友達には優しいパスをしたり、あまりシュートを打っていない友達にラストパスをしたりと、みんなが活躍できるようにしていました。【高】

〈B評価の例〉

●多様な動きをつくる運動遊びでは、友達の考えた遊びをまねたり自分の考えた遊びを教えたりして仲良く運動することができました。【低】

●マット運動では、マットのずれを直したり、順番を守ったりして楽しく学習できました。【低】

●ゲームに負けた時には、それを受け入れることができ、ゲームの後まで引きずることなく活動できました。【中】

●リズムダンスでは、いろいろな友達と一緒に活動をすることができていました。踊りを考える時もいろいろな友達の考えを取り入れながら行うことができました。【中】

●体ほぐしの運動では、その効果を意識しながら積極的に取り組むことができました。【高】

●苦手な、鉄棒運動にもいやがらずに取り組むとともに、自分が分担する準備や後片づけもてきぱきと行っていました。【高】

〈C評価の例〉

●勝敗にこだわるあまり、負けたことを素直に受け入れられずゲームのあとの挨拶がしっ

かりできないことがありましたが、勝敗を受け入れる広い心を育てていきます。【低】

●折り返しリレーでは、自分が分担するビブスを配ったり、集めたりするのを忘れてしまうことがありました。早く準備をしたら早くゲームが始められることに気付けるように指導していきます。【低】

●マット運動では、自分の挑戦する技に取り組んでくれていましたが、待っている時に、もう少し友達の動きを見てアドバイスできるようにしてほしいと思います。【中】

●足が遅いことが気になり、リレーに積極的に取り組むことができませんでした。周りの人と比べず自分の記録の伸びやバトンパスがうまくできるようになることに目を向けて取り組めるように助言をしていきます。【中】

●安全確保につながる運動の大切さを意識して、ふざけず真剣に取り組めるようにできるとよいでしょう。【高】

●表現やリズムダンスでは、楽しく踊れていました。友達と練習や発表の仕方を考えるときに積極的に意見が言えるように助言をしていきます。【高】

4　"学びを変える" ためのアセスメント

　今回の学習指導要領では、「主体的・対話的で深い学び」の視点での授業改善が求められている。

　体育科において子ども達が主体的に学ぶためには、各種の運動がもっている特性に十分に触れ、クラスのすべての子ども達が楽しいと思えるように授業を仕組むことが大切である。そのためには、器具や道具、学習の場、ルール等を工夫したり、挑戦の仕方や練習方法等を自分で選択できるようにしたりすることが重要である。また、今ある力で楽しめる学習から少し頑張ればできそうなことに挑戦する学習へというような学習課程を意識して行うことも大切である。『小学校学習指導要領（平成29年告示）解説　体育編』「第２章　体育科」の目標及び内容には、運動に意欲的でない児童への配慮例も示されているので参考にしたい。

　体育科には「対話的な学び」が生まれやすい集団スポーツと「対話的な学び」が生まれにくい個人スポーツがある。「ボール運動系の学習」では、試合中にアドバイスをし合ったり、チームで集まり作戦や練習を考えたりする活動が「対話的な学び」となる場面である。チームで集まって作戦を考える場面で、運動の得意な子が中心となって話を進め、苦手な子ども達は黙ってうなずいているような話し合いにならないようにしたい。全ての子どもが自分の考えを出し合い、考えた理由をもとに話し合えるようにすることが「対話的な学び」につながっていく。そのためには、体育科はもちろんのこと他の教科・領域においても話し合いの仕方を十分学ばせていく必要がある。個人スポーツにおける「対話的な

学び」は同じ技に挑戦している子ども達や同じ課題で悩んでいる子ども達同士が見合ったり、教え合ったり、相談し合ったりすることである。また、うまくできる子どもにポイントや練習方法を聞きに行くことも大切にしたい。ただ、見合いや教え合い等を役割としてするのではなく、必要な時に自然に行えるようにしていきたい。そのためには、学習資料や映像を観て黙々と挑戦するのではなく、友達と見合ったり、教え合ったりすることの有効性を経験から学べるようにする必要がある。

　体育科における深い学びとは、生涯にわたって豊かなスポーツライフを実現する資質・能力が養うことができる学びである。それは、目標とする技能を身に付けるために一人一人の子どもが安心して挑戦でき、技能獲得のための試行錯誤が豊かに繰り返される授業である。また、ルールやマナーが守られ思考力・判断力・表現力が駆使される授業であり、活動を通して新たな知識を得られる授業でもある。

　体育では、「活動あって学びなし」と言われる授業に至りやすい。これは、行うことが楽しく、子ども達が活発に学習しているし、なんとなく技能の高まりも見られるので、これでよいと安心してしまうからである。このような授業に至らないためには、「主体的・対話的で深い学び」の視点から授業を見つめ直すことが大切である。

●参考文献
文部科学省『小学校学習指導要領（平成29年告示）解説　体育編』東洋館出版社、2017年

外国語

●評価の観点及びその趣旨 (指導要録)

観点	知識・技能	思考・判断・表現	主体的に学習に取り組む態度
趣旨	・外国語の音声や文字、語彙、表現、文構造、言語の働きなどについて、日本語と外国語との違いに気付き、これらの知識を理解している。 ・読むこと、書くことに慣れ親しんでいる。 ・外国語の音声や文字、語彙、表現、文構造、言語の働きなどの知識を、聞くこと、読むこと、話すこと、書くことによる実際のコミュニケーションにおいて活用できる基礎的な技能を身に付けている。	・コミュニケーションを行う目的や場面、状況などに応じて、身近で簡単な事柄について、聞いたり話したりして、自分の考えや気持ちなどを伝え合っている。 ・コミュニケーションを行う目的や場面、状況などに応じて、音声で十分慣れ親しんだ外国語の語彙や基本的な表現を推測しながら読んだり、語順を意識しながら書いたりして、自分の考えや気持ちなどを伝え合っている。	外国語の背景にある文化に対する理解を深め、他者に配慮しながら、主体的に外国語を用いてコミュニケーションを図ろうとしている。

1 知識・技能

〈A評価の例〉

●英語で書かれたパンフレットを見て「どんな情報が書いてあるのだろう」と関心をもち、イラストから想像したり知っている知識を総動員したりしながら読み取りました。

●「主語＋動詞＋目的語」の順に単語が並んでいるという英語の文構造に気付くとともに、それらを組み合わせれば、いろいろなことを英語で伝えることができるという気付きを発表することができました。

●手がかりやヒントなしに音声を聞いて、必要な情報を聞き取ることができました。

●ＡＢＣソングを歌う時、アルファベット文字の活字体をＺからＡの逆順にしても、すらすらと発音し歌うことができました。

●音声を聞いて、世界の行事が行われる月日を正しく聞き取ることができました。さらに聞こえたとおりに一部を声に出して言うことができました。

●隠れた大文字を当てる活動では、「Ｚ、Ｇ、Ｄ、Ｂはどれも文字の読み方が似ている」など、アルファベットの読み方にも仲間があることに気付いていました。

●「できること」や「できないこと」について話している映像を視聴して、情報を詳細まで正しく聞き取ることができました。

●世界の行事の映像から、国旗にはその国の人々の思いや願いが込められていることに気付き、発表することができました。

●英語の物語の音声を聞き文章を見て、「bake、cake、makeの語は全てエイクと聞こえる」「単語の語尾が全部-akeで共通している」ことに気付き、押韻のある文を声に出してテンポよく読むことができました。

〈Ｂ評価の例〉

●例文を参考にしながら、I can play the piano. I can't play the violin.と自分のできること、できないことを正しく書き、それを声に出して読むことができました。

●イラストを手がかりに、内容を予測した上で音声を聞き、必要な情報を聞き取ることができました。

●What do you like?の丁寧な表現がWhat would you like?であることを理解し、やり取りすることができました。

●いくつかの例文から、「主語＋動詞＋目的語」の順に単語が並んでいるという英語の文構造に気付くことができました。

●ＡＢＣソングを歌うとき、黒板に掲示された大文字を見ながらすらすらと発音し歌うことできました。

●指導者の発音を聞いて、すばやくその文字を指さしするなど、発音を聞いて文字を識別することができました。

●アルファベット大文字の書き方を知り、形や４線上の書く位置に注意しながら、正しく書くことができました。

●whenで始まる疑問文では、「いつ」について、Whatで始まる疑問文では、「何を」について聞かれていることを理解しています。

●I can の後に動作を表す表現を入れると、「〜できる」ということを表す表現だと理解しています。

●Can you play soccer?の質問に対して、答えのI canかI can'tかを聞き分けることで、「できる」か「できない」かが分かることを理解しています。

●Who is he? Who is she?ゲームでは、第三者のできること、できないことについてcanやcan'tに着目し、注意深く聞き取ることができました。

●英語の物語を聞いて、「ten、yen、penは全部エンと聞こえるところが共通している」と発表し、押韻のある文をテンポよく声に出して読むことができました。

●英語の音声を聞いて、世界の行事が行われる月を正しく聞き取ることができました。

●事前に出てくる単語を確かめてから、やり取りの映像を視聴すると、必要な情報を聞き

取ることができました。

〈Ｃ評価の例〉

● ＡＢＣソングを歌う時、苦手な文字のところを飛ばして歌うことがありました。文字を見て、音声を注意深く聞き、聞こえたとおりに声に出してみましょう。

● 英語で書かれた自分の名前のアルファベットを声に出して読むことができます。さらに友達や周りの人の名前の読み方にも目を向けてみましょう。

● まとまりのある音声を聞く時は、集中して耳を傾け、音声の一部からおおよその内容を推測して聞くよう、声かけしています。

② 思考・判断・表現

〈Ａ評価の例〉

● I、he、sheを使った人物当てクイズを作るために、「主語＋動詞＋目的語」の語順で単語を組み合わせて問題を考え、やり取りをすることができました。

● 自分の住む地域についての友達の発表を聞いて、Why?と質問をしたり、Your idea is wonderful.などと自分の感想を英語で伝えたりして、活発にやり取りをして、地域のよさに目を向けることができました。

● 友達紹介クイズでは、He can play soccer. He can cook very well. He can't touch snake.の文を考えました。さらにどの順に出題すると面白いかを考え、発表することができました。

● バースデーカードを作るために、誕生日や欲しいもの、好きなものについて友達にインタビューをすることができました。さらに、これまでに習った表現もやり取りの中に取り入れて使う姿が見られました。

● 英語の道案内を聞いて、相手の指示が分かった時は、ちゃんと伝わっているというサインを送るためにYes.やOK.などと反応を返したり、相手が言ったことを繰り返したりしていました。

● クラスで人気のオリンピック競技ランキングを作るため、友達が見たいオリンピック競技は何かについて、理由も含めてインタビューし、集計した結果を皆の前で発表することができました。

● ６年間で一番心に残った修学旅行の思い出をアルバムにし、相手に伝わりやすいように、文の順を工夫したり、理由も加えたりして整理した上で、友達と伝え合うことができました。

〈Ｂ評価の例〉

● 見たいと思っているオリンピック競技は何かについてのインタビューに対して、I want

to watch the volleyball game. I'm a volleyball club member. と、自分の考えや気持ちを理由とともに表現することができました。

●6年間で一番心に残った修学旅行の思い出について、理由とともに友達に伝えることができました。

●教室に隠された暗号カードを見つけるため、Go straight. Turn right.などの指示を聞いて動いたり、ペアの相手に指示を出したりして、道案内のやり取りを伝え合うことができました。

●バースデーカードを作るのに必要な情報を得るため、インタビューをして、友達の誕生日や欲しいもの、好きなものについて英語で尋ねたり答えたりすることができました。

●友達へのバースデーカードを作る活動では、Toの後に贈る相手の名前を大文字で正しく書くことができました。

〈C評価の例〉

●誕生日や欲しいもの、好きなものについてインタビューされた時に、単語で答えてしまうことがあります。これまでに習った表現を生かしてやり取りができるようになってほしいと思います。

●音声を聞いて、その一部を聞き取ることはできています。ほしい情報を聞き取るため、繰り返し聞いて慣れるようにしましょう。

●見てみたいオリンピック競技は何かと聞かれて、I want to watch the 100 meter race. と答えることができました。理由も伝えられるとさらに素晴らしいです。

●自分の住む地域についての発表を聞いて、Nice.と感想を伝えることができました。今後は、自分の思いや考えを表す表現のバリエーションを増やしていけるよう期待しています。

3 主体的に学習に取り組む態度

〈A評価の例〉

●場面や相手によって、What do you like?かWhat would you like?のどちらが適切かを考え、丁寧な表現を使い分けて伝え合おうとしていました。

●オリンピック・パラリンピックで観たい競技を尋ねられてI want to watch athletics.と答えたものの、相手はathleticsの意味が分からないようでした。そこで相手の知っていそうな選手の名前を2・3人挙げ、相手の理解を得ることができました。このように相手の様子を見ながら臨機応変に話し方を調整しようとしていました。

●ミニポスターを示しながら、自分の住む地域にはない施設がほしいと表現することで、地域の改善についての自分の意見を英語で表現しようとしていました。

●日本の行事や食べ物、伝統文化の中から自分の好きな「○○」について、相手を替えて伝え合う中で、友達の発表のよさに触れ、どういう順番で話すと伝わりやすいかを考え、修正して発表しようとしていました。

●思い出の学校行事について伝え合う際に、聞いたことのある表現やこれまでに習った表現を進んで取り入れ、ジェスチャーや顔の表情を工夫しながら、自分の思いや考えを何とか聞き手に伝えようとしていました。

●将来の夢について友達が話すのを聞いて、時々 Really? I think so. などと相づちを打ったり、簡単な質問をしたりして会話を続けようとしていました。のちの振り返りでは「○○さんが反応してくれたから話しやすかった」と話し手から声があがりました。

〈B評価の例〉

●身の回りにある英語の略語を探す活動では、グループでATMやCDなどの語を見つけ、その英語を声に出して読もうとしていました。また、それが何かを考えることができました。

●友達の自己紹介を聞いて、友達の名前の英語を確かめるために、○-○-○-○と、その場でアルファベットの文字を読もうとしていました。

●日本の行事や食べ物、伝統文化の中から、自分が好きな「○○」について、ポスターを使って、外国の人に日本のよさを伝え合おうとしていました。

●できること・できないことを伝え合う活動を通して、I can play table tennis. と答えた友達に対して、You can play table tennis well. B *san* can play table tennis well, too. と目の前の相手に対してコメントするとともに違う友達の話題も付け加え、会話を広げようとしていました。

●自分の住む地域についての友達の発表を聞いて、Your idea is nice. などと自分の意見を英語で伝えようとしていました。

●一日の生活について友達が話す内容について、Really? Me, too. と相づちを打ったりI get up at seven, too. などと反応をしたりしながら聞こうとしていました。

〈C評価の例〉

●伝えたい思いはあるのですが、英語でどう表現していいか困って黙り込んでしまう時がありました。困った時に自分から相手にどう働きかけたらよいかを考えることもコミュニケーションの大切な勉強です。

●友達の話を最後まで聞いて理解しようとしています。「あなたの話をしっかり受け止めているよ」とうなずいたり相づちを打ったりして相手に反応を返せるようになるとさらに素晴らしいです。

4 "学びを変える" ためのアセスメント

① 授業のはじめに今日の学習のめあてを示す。
② 今日の授業が単元計画のどこに位置づけられているのか確認する。
③ 学習計画を示して1時間の学習の見通しを持たせる。
④ 授業の終わりに学習を振り返る。

これは外国語だけでなく、全ての教科の授業に共通する学習の流れであることは言うまでもない。外国語科と他教科との大きな違いは、指導者が日本語と英語を使い分けながら授業を進めるという点である。外国語科の授業では、指導者はこの時間に児童が使う表現や既習表現、授業を進めるための教室英語を使いながら進めていく。

一方、児童は指導者やデジタル教材の英語を全て理解できているわけではない。しかし、話し手の表情やジェスチャー、声のトーンなどの非言語から読み取ったり、場面や状況等から判断したり、既習の知識をつなぎ合わせたりしながら、推測し理解しようとする。不慣れな英語で伝え合うという曖昧さに耐えながらも、少しでも相手の言っていることを聞き取ろう、自分の思いを伝えようと根気強く相手と向き合うことで、児童の外国語でのコミュニケーション能力の根幹となる力が育っていくのである。そこで指導者には、児童から発話を引き出すために、児童が理解可能な英語を使って授業を進めることが求められる。

上記の①～④については、児童が100％理解して学習に臨むことが必要である。したがって、指導者は全ての児童に確実に届けるために、あえて英語だけにこだわらず、誰もが理解可能な日本語を有効に使って進めるべきである。指導者がオールイングリッシュを意識するあまり、児童がめあてや振り返りについて十分に理解できなかったとしたら、児童は今日の自分の学びがどうであったか具体的に捉えることができない。

学習指導要領の改訂に伴い、指導者は「主体的に学習に取り組む態度」を評価することが求められる。児童がめあてと見通しを持って学び、学んだことを振り返り、指導者はそれを指導の改善に生かしていくという評価の営みのサイクルが確立されているかどうか、今一度捉えなおす必要がある。

授業において、英語か日本語かどちらを使うかの選択が、指導者の英語力に影響されるのではなく、児童が自分自身の学びの姿を明らかにしていけるかどうかで判断する必要がある。

特別の教科　道徳

1　主として自分自身に関すること

● 「ゆうたの　へんしん」では、おうちの人の言うことを聞かずに病気になってしまった経験を話し、規則正しい生活をすることの大切さを実感していました。【低】

● 「なにをしいているのかな」の学習では、今まで気にも留めていなかったことが悪いことだと気が付き、これからの生活では気を付けたいという思いをワークシートに書き留めていました。【低】

● 「あとかたづけ」の学習では、自分が後片付けをしなくて叱られたことや逆にしっかり後片付けして褒められた経験から「後片付けをした方が気持ちよく過ごせるよ。」と話していました。【低】

● 「どうしてかな」の学習では、決まりを守らないといけないのにできない自分を振り返り、これからは少しでも決まりを守っていこうという思いをワークシートに書いていました。【低】

● 「ひつじかいのこども」では、うそをつくと人から信じてもらえなくなるから絶対うそはつきたくないという思いをもっていました。【低】

● 「かぼちゃの　つる」の学習を通して、身の回りの人の注意を聞いて我慢することの大切さやわがままをしないで気持ちよく生活しようとする気持ちを高めていました。【低】

● 「ぼくは　小さくて　しろい」では、隣の席の友だちのよいところをカードに書く活動を通して、自分のよいところを大切にしようとする気持ちを高めていました。【低】

● 「にんじんばたけで」では、ペアや全体で交流することにより友達のさまざまな思いや考えを知ったことで、よいことと悪いこととの区別をして、よいと思うことを進んで行いたいという思いを発表していました。【低】

● 「おおひとやま」では、「すこしぐらい」とか「わたしだけ」という自分勝手な考えをすると大変なことになるから、そのような考えをしない人になりたいという思いをワークシートに書いていました。【低】

● 「おふろばそうじ」の学習では、役割演技を通して、登場人物の強い意志を考えることができ、自分がしなければならない仕事は頑張ってやりたいという思いをもっていました。【低】

● 「やめろよ」では、役割演技を通して勇気を振り絞ったぽんたの気持ちを考え、よいこ

とと悪いこととが分かる人になりたいという思いをワークシートに書いていました。
【低】

●「あなたって　どんな　人？」の学習を通して、自分にも○○や△△といったいいところがあることを知りました。これからも自分のいいところを増やしていきたいという思いを高めていました。【低】

●「三年生は上級生？」の学習では、いつかはなおやのように正しいと判断したことは自分も思い切って行動できるようになりたいという思いをワークシートに書いていました。【中】

●「ごめんね」の学習では、正直に言えなかった時のつらい思いを思い出し、過ちは素直に認めたほうが明るい心で生活できることをワークシートに書いていました。【中】

●「石ころを見つめてみたら…」の学習では、グループで自分の特徴を見つけてもらう活動を通して、長所を伸ばそうとする意欲を高めていました。【中】

●「もっと調べたかったから」では、どうして「やりたいこと」を貫いてはいけないのか、その理由をグループで考え、節度ある生活をすることの大切さを多面的多角的に考えていました。【中】

●「うまくなりたいけれど」の学習では、友達の話を聞いたり、自分の経験を思い出したりして、自分の目標に向かって、最後まで粘り強くやり抜こうとする思いを高めていました。【中】

●「どんどん橋のできごと」の学習のロールプレイングを通して、よく考えて行動するためには「自分でしっかりと考える。」「誘われても、ことわる。」ことが大切であると考えていました。【中】

●「お母さんの「ふふふ」」の学習では、「いいところ見つけ」で書かれたカードを見ながら自分にもいいところがあることに気づき、さらに伸ばしたり増やしたりしたいという意欲を高めていました。【中】

●「まどガラスと魚」の学習では、自分に正直であることが、明るい心で元気よく生活できることにつながるとワークシートに書いていました。【中】

●「がんばれ友ちゃん」の学習では、最後までやりぬくために「あきらめない心」や「強い気持ち」が大切なんだということから「自分も目標をもって頑張っていきたい。」と発言していました。【中】

●「ぼくを動かすコントローラー」の学習では、日頃の生活の様子をグループで交流する中で、自ら考えて度を過ごさない、節度のある生活をしようとする思いを高めていました。【中】

●「マンガ家　手塚治虫」の学習では、「自分らしさ」について考え、「自分にも手塚さんのようないいところがあるはずだ。それを伸ばそう。」と意欲をもっていました。【高】

● 「ぼくの夏休み大作戦」の学習では、物事を計画的に進めるよさに気付き、自分を律して、責任のある行動をしたほうが、自分のためになると考えていました。【高】

● 「いつものひなん訓練」の学習では、「ふだんがたいせつです。」とはどのような心構えをもつことなのかを考え、自分の生活を見直し、節度をある生活をしようとワークシートに書いていました。【高】

● 「のりづけされた詩」の学習では、誠実な行動のよさについての話し合いの中で、誠実に明るい心で生活することでいつもすがすがしい気持ちになれるという意見を出していました。【高】

● 「ヘレンと共に－アニー・サリバン」の学習のまとめで、「「困難に負けない心」とは、諦めない心、希望をもつ心だと思う。」とワークシートに書いていました。【高】

● 「うばわれた自由」の学習では、自由と自分勝手やわがままとをはきちがえた行動との違いについて考え、人に迷惑をかけない範囲で自由にすることが大切だと話していました。【高】

● 「流行おくれ」の学習では、自分の生活を見直し、節度を守り節制に心がけてよかったことを話し合う中で、「自分の置かれた状況について思慮深く考えることが大切だ。」と発言していました。【高】

● 「天から送られてきた手紙」の学習では、失敗をしても研究をあきらめない宇吉郎の探究心が、我々の生活をよりよくしてきたことを知り、自分もあきらめずに工夫すれば何かできるという思いをワークシートに書いていました。【高】

② 主として人との関わりに関すること

● 「ありがとう」の学習では、家族など日ごろいろいろな場面でお世話になっている人を思いうかべて、それらの人々への感謝の思いをワークシートに書いていました。【低】

● 「あいさつ」の役割演技では、大きな声で元気よくあいさつする場面と小さな声であいさつする場面を比べて、大きな声で元気よくあいさつすると気持ちよくなるのだという思いを発表していました。【低】

● 「ぞうさんと　おともだち」の学習では、自分の経験から友達に親切にしたりやさしくしたりすると自分の心が温かい気持ちになるという思いを発表して、学級のみんなも共感していました。【低】

● 「はしのうえのおおかみ」の役割演技では、親切にしてもらった動物たちの思いを話しながら親切にすることのよさについて思いを深めていました。【低】

● 「なんていえばいいのかな」では、言葉を言った時と言わなかった時の気持ちを考えることで、言葉は大切でその場に応じた言葉がけをしていきたいという思いをもちまし

た。【低】

● 「どんな　あいさつを　しますか」では、あいさつ名人になるために大切なことを考える役割演技を通して、いろいろなあいさつがあることやあいさつすることのよさを知り、進んで気持ちのいいあいさつをしようという気持ちを高めていました。【低】

● 「二わの　ことり」では、ペアトークにより、友達を思うみそさざいの気持ちを考え、自分も友達のことを思える人になりたいという思いをもっていました。【低】

● 「ゆっきと　やっち」の役割演技をすることでゆっきの気持ちをより深く考え、友だちを大切にすることのよさを知り、友だちと仲よく助け合っていきたいと話していました。【低】

● 「さと子の落とし物」の学習では、友だちが困っている時、進んで助けてあげたことを思い出し、これからも友だちと互いに助け合って生活しようという思いを高めていました。【中】

● 「おじいちゃんとの楽しみ」の学習では、自分にとって「楽しい世界」がどのようなものか考え、思いやりの大切さやよさに気付き、誰に対しても思いやりの心をもちたいという思いを強めていました。【中】

● 「バスの中で」の学習の終末での話し合いで、人に親切にすると自分もすがすがしい気持ちになるという体験談を話し、親切な行いは相手のためだけのものではないという思いを強調していました。【中】

● 「足りない気持ちは何だろう」の学習での役割演技を通して、これまでの自分を振り返り、心をこめて相手の立場になって考えることやその場にふさわしい行動をしようという思いを高めていました。【中】

● 「いつもありがとう」の学習の終末の手紙に、「おかげさまで、安心して学校に通えています。」という言葉を書いて感謝の思いを伝えようとしていました。【中】

● 「きっぷ売り場で」の学習では、親切にしたくてもできないことがあるけれど、これからは困っている人がいたら勇気を出して親切にしようとする気持ちを高めていました。【中】

● 「心をしずめて」の学習では、誰かを責めてもよいことはなく、広い心で相手の気持ちや立場を受け入れ過ちを許すことのよさについて考え、相手と分かり合うことが大切だという思いを高めていました。【中】

● 「たっきゅうは四人まで」の学習では、一人でも多くの友だちと仲良く遊ぶよさを話し合うことで、友だちを大切にし、互いに信頼し、助け合っていこうという思いを深めていました。【中】

● 「れいぎ正しい人」の学習では、礼儀は言葉だけでなく相手のことを思いやった行動や仕草の中にもあることを知り、自分もそんなことができる人になりたいという思いを高

めていました。【中】

- ●「あいさつ運動」の学習では、心のこもったあいさつとはどのようなものかについて考え、自分も相手の目を見て相手が気持ちよくなるようなあいさつをしていこうという思いを高めていました。【高】
- ●「やさしいユウちゃん」の学習では、親切には、優しくすることだけではなく、相手のために何が必要なことかを考えてから、それにふさわしい行動をすることがあると考えていました。【高】
- ●「古いバケツ」の学習では、男女が協力して活動することのよさについて話し合い、男女仲よく協力し、助け合っていこうとする思いを高めていました。【高】
- ●「折れたタワー」の学習では、役割演技を通して、誰にでも失敗はあることを受け止め、相手の立場になって、広い心で許そうとすることが大切だという意見を発表していました。【高】
- ●「ありがとうの心」の学習では、「ありがとう」の言葉にこめられている思いや願いを考え、日々の生活が多くの人々に支えられていることに気付き、感謝の思いを伝えたいとワークシートに書いていました。【高】
- ●「くずれ落ちた段ボール箱」の学習では、自分が親切にした経験を発表した際に、相手の気持ちを考えて温かく接することは自分も気持ちのよいことだと、親切にするよさについて話していました。【高】
- ●「すれちがい」の学習では、「自分と異なる意見や立場を受け入れることはなかなか難しいけれど、互いの話を聞いたり、気持ちを考えたりすればきっと分かり合える。」と、自分の考えを発表していました。【高】
- ●「知らない間のできごと」の双方の立場を役割演技することで、お互いの立場に立って、思いを考えることが大切だと気付き、友だちのことを思って行動し、信頼を深めたいとワークシートに書いていました。【高】

③　主として集団や社会との関わりに関すること

- ●「たのしい　がっこう」の話し合いでは、自分から進んで発言して、これからの学校生活への期待やよりよい学校生活を送るためにできることを意欲的に考えていました。【低】
- ●「もりの　ぷれぜんと」では、遊びの中で割り込みをされたとき、強く抗議した経験を話し、これからも誰に対しても同じ態度で接していこうという思いを強くしていました。【低】
- ●「オリンピック・パラリンピック」の学習では、自分も進んで外国の人に関わってみた

いという気持ちを発表していました。【低】

● 「そろっているけど」では、トイレのスリッパや学級のドッジボールの使い方について話し合う中で、整理整頓や後片付けのよさを進んで発表していました。【低】

● 「せかいの人とつながろう」では、あいさつの一言から世界の様々な国の人とつながれることを知り、いろいろな国のあいさつを使えるようになりたいという思いを発表していました。【低】

● 「かずやくんの　なみだ」の学習では、かずやくんのなみだを見たときの、ぼくの気持ちを考え、一人ぼっちでいる友達がいたら声をかけていきたいという思いをワークシートに書いていました。【低】

● 「おかあさんの　つくった　ぼうし」では、母の思いを十分に感じているアンデルスの気持ちを考え、家族の一員として自分ができることを家族への手紙として書いていました。【低】

● 「はしれ、さんりくてつどう」では、子どもたちが、大漁旗を振り続けた思いに共感したり、自分の住む町の写真を見ることで町のよさを発見したりして、町を大切にしたいという思いをもっていました。【低】

● 「うつくしい　わがし」の学習では、自分が家で食べたことのある和菓子のことを思い出し、次は自分も和菓子作りにチャレンジしてみたいという思いを発表していました。【低】

● 「120てんの　そうじ」の学習では、普段学校でしている掃除のことを振り返り、自分は、200点の掃除ができるように頑張りたいという思いを発表していました。【低】

● 「学級しょうかい」では、教材文の出来事を自分の学級に当てはめて考え、友だちや先生と協力して、明るく楽しい学級を作っていくには何ができるか考えていました。【中】

● 「ふろしき」の学習では、地域の女性会の方々にゲストティーチャーとして来ていただいた体験を通して、日本の伝統や文化のよさに気付き、親しみ、大切にしようとする思いを高めていました。【中】

● 「ちゃんと使えたのに」の学習では、自分の周りにある約束やきまりは、何を守ってくれているのかを話し合い、自分もこれから約束を守ろうとする思いを高めていました。【中】

● 「「おもてなし」ってなあに」の学習では、相手を大切に思う心が「おもてなし」につながっていることに気付き、自分にできる「おもてなし」は何か一生懸命に考えていました。【中】

● 「同じ小学校でも」では、日本と外国とのちがいに驚いたり意外に多いつながりに気付いたりしたことや、もっと外国の文化を知りたいという思いをワークシートに書いていました。【中】

● 「お母さんのせいきゅう書」の学習では、親が自分に深い愛情をかけていることに気付き、自分から進んで家の仕事をして、楽しい家庭を作ろうという意欲を高めていました。【中】

● 「同じなかまだから」の学習では、今までの自分を振り返り、相手のことを考えると仲間外れをしないで公正公平に接することが、みんなが楽しく過ごせることにつながると確信していました。【中】

● 「みんなのわき水」の学習では、トイレのスリッパを並べたりゴミ拾いをしたりしている友達の話を聞いて、自分もみんなで使う場所を大切にし、進んでできるようにしたいという思いを高めていました。【中】

● 「なんにも仙人」の学習では、かかり活動や当番活動をしている時の気持ちを話し合うことで、働くことの面白さや喜び、みんなのために働くことのよさに気付いていました。【中】

● 「ジュースのあきかん」の学習では、みんなのことを考えて行動した女の人の気持ちを話し合うことで、自分もこの女の人と同じようなことをしていきたいという思いをもっていました。【中】

● 「ぼくのボールだ」の学習では、みんなが楽しく生活するために大切なことは何かを考え、自分も周りの人のいろいろな思いを考えて行動していきたいという思いを高めていました。【中】

● 「木の中にバットが見える」の学習では、働くことの大切さ、仕事に対する喜びに気付き、久保田さんのような仕事がしてみたいという思いをワークシートに書いていました。【中】

● 「名前のない手紙」の学習では、みんなの前で発言した吉野さんの思いや考えに共感し、いじめは絶対にダメだという決意をワークシートに書いていました。【高】

● 「たのむよ、班長」の学習では、「集団での自分の役割を考えて行動するとみんなのためになることがわかった。」とワークシートに書いてみんなのために行動する意欲を高めていました。【高】

● 「サタデーグループ」の学習では、働くことがみんなの役に立っていることを知り、グループでこの町で働けるところがないか自分の考えを積極的に発言していました。【高】

● 「和太鼓調べ」の学習では、「自分の町にどんな郷土の伝統・文化があるのか。どんな思いで継承、発展させているのか調べてみたくなりました。」とワークシートに書いていました。【高】

● 「通学路」の学習では、「自分もついこれくらいいいじゃないと決まりを守らなかったことがあったが、今日の学習で決まりの大切さやそれを守る大切さがわかり、これからは決まりを守ろうと思います。」とワークシートに書いていました。【高】

●「美しい夢　－ゆめぴりか－」の学習では、私たちの町の様々な写真を見ながら郷土の良さについて語り合い、共感し合い、地域行事や祭り、自然の様子のよさを再発見していました。【高】

●「父の仕事」の学習では、働くことの意義を多面的・多角的に考え、「将来、大人になったら責任感のある信頼される仕事ができるようになりたい。」と仕事に対する意欲を高めていました。【高】

●「家族のために」の学習では、自分の家族の一員としての役割を振り返り、家族がどんな思いで役割をはたしているかを考え、家族のために進んでできることがないかを考えていました。【高】

●「ペルーは泣いている」の学習では、他国の人々や文化について理解することが、世界の人々との親善につながると考え、自分もそれに関われることがしたいという思いを高めていました。【高】

●「ふぶきの中で「ありがとう」」の学習では、下級生の安全を守ろうとする上級生の思いに共感し、自分たちにもできることがないかと真剣に考えていました。【高】

●「これって不公平？」の学習では、四つの場面において、公平か、不公平か、その理由を考え、誰に対しても、偏見を持つことなく、公正、公平に接しようとする意欲を高めていました。【高】

●「住みよいマンション」の学習では、互いに気持ちよく生活するために、お互いのことをよく知ろうとする心が大切で、それが自他の権利を大切にし、自らの義務を果たすことにつながるのだという考えをしていました。【高】

●「マインツからの手紙」の学習では、日本や他国の文化を理解するには、日本人として日本のよさについて知っていること、そして、積極的に外国の人にかかわっていくことが大事だと発言していました。【高】

4　主として生命や自然、崇高なものとの関わりに関すること

●「うまれたての　いのち」の学習では、「命が生まれることは、不思議だけど、すごいことなのだ」という思いを発表して、命の大切さについて考えを深めていました。【低】

●「どうぶつふれあいひろば」では、動物園のふれあい広場での体験を思い出し、動物に対して優しい心で接していきたいという気持ちを高めていました。【低】

●「ハムスターの　赤ちゃん」の学習では、生命のかけがえのなさに気付き、これから自分が出会う生き物には命があるから大切にしていきたいという気持ちを発表していました。【低】

●「うちゅうせんに　のって」の学習では、自分の住んでいる地球には美しいものや素晴

らしいものがあることを知って、もっと探してみたいという思いを高めていました。【低】

●「赤ちゃんもごはん食べてるよね」の学習では、新しい命について思ったことをグループで交流し、命の尊さに気付き、自分の命も大切にしなければならないという思いを高めていました。【中】

●「ごめんね、サルビアさん」の学習では、動植物を育てた経験を思い出し、動植物の命はかけがえのない命だということに気付き、身近な動植物を大切し、優しい心で接したいという気持ちを高めていました。【中】

●「お父さんからの手紙」の学習では、お家の人から自分が誕生した時の様子や気持ちを書いていただいた手紙を読んで、自分の命が周りの多くの人々に支えられている尊いものであることを知り、自分だけでなく他の命も大切にしようとする思いを高めていました。【中】

●「光の星」の学習では、三つめの星がどうして金色のみごとな星に光り輝いたのかを教材の世界に浸りながら考え、美しいものや気高いものに感動した話を交流していました。【中】

●「のび太にまなぼう」の学習では、のび太の生き方について考え、人はよりよくなろうという思いをもっていることに気付き、自分も前向きに生きていきたいとワークシートに書いていました。【高】

●「命」の学習では、「あらためて命について考えました。自分に与えられた命を精一杯生きていきたいです。」とワークシートに書いて、「命」と真剣に向き合っていました。【高】

●「母さんの歌」の学習を通して、女学生の心の崇高さに感動したことを交流し、人間としての心の在り方を深く考えていきたいという思いを高めていました。【高】

●「ひとふみ十年」の学習では、「自然を壊すことは簡単だけど、自然を大切にし、守っていくことは難しい。でも、大切にしていきたい。」という思いを高めていました。【高】

●「「太陽のようなえがお」が命をつなぐ」の学習では、「人々とのつながりの中で共に生きることで命が輝き、すばらしさが増す。僕も命を輝かせられるよう前向きに生きたい。」とワークシートに書いていました。【高】

●「かぜのでんわ」の学習では、グループでの「よりよく生きる」話し合いで、「辛いこともあるけど、なりたい自分に近づけるように生きる喜びを感じながら一日一日を大切にすることかな。」という考えを話していました。【高】

5　"学びを変える" ためのアセスメント

　道徳科の評価に関しては、学習指導要領第3章の第3の4において、「児童の学習状況や道徳性に係る成長の様子を継続的に把握し、指導に生かすよう努める必要がある。ただし、数値などによる評価は行わないものとする。」と示している。また、小学校学習指導要領解説「特別の教科　道徳編」ではこれを受けて、「道徳科において養うべき道徳性は、児童の人格全体に関わるものであり、数値などによって不用意に評価してはならないことを特に明記したものである。したがって、教師は道徳科においてもこうした点を踏まえ、それぞれの授業における指導のねらいとの関わりにおいて、児童の学習状況や道徳性に係る成長の様子を様々な方法で捉えて、個々の児童の成長を促すとともに、……。」としている。

　そこで、道徳科の目標を踏まえて、「道徳科の児童の評価は、道徳科の学習を通して、児童が他者の考え方や議論に触れ、自律的に思考する中で、一面的な見方からより多面的・多角的な見方へと発展していったことや道徳的価値の理解を自分自身との関わりの中で深めているといった学習状況を一定期間（1学期、2学期、年間を通した一定期間）の中で見取り（発言や振り返りシートなどを基に）、その児童の成長の様子を記述式で行う。」ことにした。

　このような評価をするためには、道徳科の学習の中に、「児童が他者の考え方や議論に触れる場面があること、自律的に思考する中で、一面的な見方からより多面的・多角的な見方へと発展していけるような発問や話し合いがあること、道徳的価値の理解を自分自身との関わりの中で深めていることが分かる発言や記述場面があることなど」の学習活動を設定しておかなければならない。

　授業づくりのイメージとしては、まず、本時の内容項目の理解を図るため、解説書に示されている「内容項目の指導の観点」を熟読し指導者自身が内容項目の理解を深める。次に、学習する教材のどの場面を中心発問の場面にするかを検討し、問い方を考える。さらに、児童の思考が深まる補助発問（どうしてそう考えたの？　もう少し詳しく聞かせて？　でも、こんな考えもあるんじゃないの？）を検討する。時間配分を考えると教材に関する話し合いは、基本発問、中心発問の二つくらいが適当であり、ここまでで30分までが望ましい。残りの15分を、道徳的価値の理解を自分自身との関わりの中で深めた結果をまとめて、さらにそれを交流する時間として取れれば、児童の気づきや発見、思考に深まりが得られると考える。このような授業を目指したい。

　最後に、「児童の学習状況や道徳性に係る成長の様子」という観点から他の教科のような明確な評価基準はないことから、評価の表記にあたっては、「できる。」「できます。」の表現は使用しない。さらに、「期待しています。」「と感じました。」などの教師の感想や思いに関する表現は、総合所見で使用することは良いが道徳科の評価としては適切ではない。

外国語活動

●評価の観点及びその趣旨 (指導要録)

観点	知識・技能	思考・判断・表現	主体的に学習に取り組む態度
趣旨	・外国語を通して、言語や文化について体験的に理解を深めている。 ・日本語と外国語の音声の違い等に気付いている。 ・外国語の音声や基本的な表現に慣れ親しんでいる。	身近で簡単な事柄について、外国語で聞いたり話したりして自分の考えや気持ちなどを伝え合っている。	外国語を通して、言語やその背景にある文化に対する理解を深め、相手に配慮しながら、主体的に外国語を用いてコミュニケーションを図ろうとしている。

1 知識・技能

〈A評価の例〉

●単元で学習したDo you like 〜?、What 〜 do you like?という疑問文や今までに習った表現を使って、自分の好きなものについて伝え合う技能を身に付けることができました。

●身の回りのアルファベットを集める活動を通して、アルファベット文字が集まって、一つの意味のある語ができることに気付いていました。

●「似ている文字」「直線でできている文字」などアルファベットの仲間分けに興味を持ち、「一筆書きができる文字」「○画で書く文字」など自分でも仲間分けを考えて分けようとしていました。

●自分たちの住む地域や身の回りには、たくさんの英語表記があふれていることを知りました。また、自分の名前や地名、sushiやnattoなどの和食の表現をはじめ、固有名詞や日本にしかないものは、日本語のまま表現することを理解していました。

●相手にほしいものを伝えるときに、最後にpleaseをつけると丁寧な言い方であることを理解し、単元が進んで場面が変わってもpleaseを使って相手に伝えていました。

●顔の表情や身振り手振りを工夫して伝えると、相手に伝わりやすいことに気付き、ジェスチャーが言葉を補うことを理解していました。

●世界の挨拶を知り、「ジェスチャーや文字、挨拶の仕方が国によって違うことが面白いと思う」という感想を持ち、それぞれの国の持つ文化の多様性に目を向けていました。

●What food do you like?の文のfoodをsportやcolorなどに替えると、自分の聞きたいカテゴリーの内から何が好きかを聞くことができると発見していました。さらにそれを使って友達とやり取りをしていました。

〈B評価の例〉

●身の回りにあるアルファベット文字を集め、大文字と小文字を比べることを通して、アルファベット文字に慣れ親しんでいました。

●ライブカメラの映像を見て、日本で昼食を食べている時刻に違う国では夜中で寝ている時刻であるなど、世界には時差があることを理解していました。

●Do you like 〜?の表現は、それが好きかどうかを尋ねる言い方で、What do you like?の表現は何が好きかを尋ねる言い方であると気付き、発表していました。

●指導者のジェスチャーを見て、表そうとしている感情を考え、判断していました。

●音を聞いてアルファベットの小文字の上にあるおはじきを取るゲームでは、素早く手を動かしておはじきを取るなど、26の小文字に慣れ親しんでいました。

●A red circle, please.と言って相手に伝えると、赤い丸の形を1つもらえることを理解し、何度も声に出して言っていました。

●スターやトライアングルなど、普段からよく使っている外来語が英語からきていることを知り、日本語と英語の発音の違いに気付いていました。

●外来語と英語のアクセントの違いを理解し、声に出して発音していました。

●絵本の読み聞かせを聞いて、指導者がWho am I?と尋ねたり、I see something ...?とそれに続く語を言うように促したりすると、その答えを声に出して言っていました。

●世界にはいろいろな国があり、様々な挨拶の仕方があることを知り、挨拶の言い方を声に出して言っていました。

●ジェスチャークイズでは、ジェスチャーの表す感情を考えたり、気持ちを込めてジェスチャーをしたりして、表現とジェスチャーの関係について理解していました。

●相手とA "T" card, please.とやり取りをして、8枚のアルファベットカードを集め、THANK YOU.と並べてカードを完成させました。

●red circleのように色＋形の順で言うと、色と形が相手に伝わることを理解しています。

●「似ている文字」「直線だけでできている文字」「半分に折ると重なる文字」などの仲間分けをしながら、アルファベットの大文字の形に慣れ親しみました。

〈C評価の例〉

●映像を視聴して聞き取った表現を発表していました。さらに他の友達が聞き取った表現もつなぎ合わせながら内容を理解していくように声かけをしています。

●自分の名前の頭文字のアルファベットを理解しています。自分の身の回りからアルファベットの文字に少しずつ慣れ親しんでいってほしいと思います。

2 思考・判断・表現

〈A評価の例〉

●What's this?クイズ大会の時にIt's a ～.とあらかじめ準備していたヒントの他にも、Can you guess? That's right. Sorry. Answer, please. など指導者が使っていた表現や既習表現を取り入れて、伝え合っていました。

●シルエットクイズを進めるために、What shape is this?の他に既習表現Answer, please. That's right. Sorry.も取り入れて伝え合っていました。

●映像を視聴する前には必ずイラストなどから「二人はこういう話をしているのかな」と予想しながら視聴し、後で必ず予想と実際が合っていたかを振り返っていました。聞き取る力に加えて、場面や状況などから内容を推測する力も育ってきていると感じます。

●自分のお気に入りの場所「けやき広場」について紹介し、そこまでの道案内を相手に伝えていました。さらに、Do you understand?　OK?　など相手が理解しているかどうかを確かめる表現も使って道案内をしていました。

●時刻や日課の言い方を使って、一日のうちで自分の好きな時間について友達と尋ね合っていました。さらに好きな時間が同じでも理由が友達によって違うことが面白いとの感想を持ちました。

●好きな曜日を伝え合う活動では、I like Fridays. I watch my favorite TV program "○○" on Friday. と伝えた後、聞き手に対して、～ *san*, do you like Friday?やWhat day do you like?と質問したり相手の応答にWow, I like Sunday, too.と反応を返したりしながら会話を続けていました。

〈B評価の例〉

●自分のお気に入りの場所「体育館」について紹介し、その場所までの道案内を相手に分かりやすく伝えていました。

●友達に送るカードを作るために、色と形を相手に伝えるとき、White square, please.と相手に対して常に丁寧な言い方を心がけて伝え合っていました。

●学級でクイズ大会をするために、ものの一部を見せてWhat's this?と尋ねるクイズとそのヒントを工夫して作り、伝え合っていました。

●友達の好きなこと嫌いなことを尋ねる活動で、相手の話を聞いて、同意を表すMe, too. を使って、相手に反応を返しながら聞いていました。

●友達に誕生日カードを贈るために、HAPPY BIRTHDAY.の文を選び、相手にTwo "A" cards, please.などと伝えて欲しいカードを13枚集めていました。

〈C評価の例〉

●相手に伝えたい思いが強いあまり、つい日本語で言ってしまうことがあります。思いを

大切にしながら、英語に置き換えて発話するよう指導しています。

●尋ねられて、自分の好きなものをCats.と伝えていました。I like cats.と言えるように指導しています。

●クイズ大会ではグループでスリーヒントクイズを考え、Hint, No.1.やWhat's this?など自分が担当するセリフを友達に助けられながらも英語で伝えていました。

●指導者や友達にヒントをもらって形クイズに答えることができました。形の英語は理解しているので、自信をもって答えを声に出せるとさらによいと思います。

③ 主体的に学習に取り組む態度

〈A評価の例〉

●友達の好きなことやきらいなことを尋ねる活動で、相手の話にうなずきながらMe, too.と同意を伝えたり、Really?と反応を返したりしながら、相手の話に興味をもって聞こうとしていました。

●相手に言いたいことが伝わりにくい時、より相手に伝わりやすくするためにジェスチャーを使ったり、同じ表現をゆっくり繰り返したりするなど工夫をして相手に伝えようとしていました。

●相手の好きな色をアルファベット文字から当てるクイズでは、色のアルファベット表記から推測してDo you have "p"?など、どの文字を尋ねれば相手からヒントを引き出すことができるかを考え、伝え合おうとしていました。

●1日のうちで一番好きな時間はいつか、理由とともに伝え合おうとしていました。そこで友達と好きな時間が同じであってもその理由が違うからこそインタビューは面白いとの感想を持っていました。

●1日のうちで自分の好きな時間をIt's "Bath time."と伝えたかったのですが、表現がとっさに出てこなかった時、ジェスチャーとともにIt's "Relax time."と表現するなどの工夫をして何とか相手に伝えようとしていました。

●自分の好きな曜日とその理由について相手とやり取りをする際に、I like soccer and Sundays. Do you like Sundays?と相手からのコメントを引き出す表現を使って伝え合おうとしていました。

〈B評価の例〉

●絵本の読み聞かせでは指導者がAre you a monkey?などと内容に関わる質問をすると、Yes, I am. I'm a monkey.と反応して声に出して言おうとしていました。

●人と挨拶を交わす時、気持ちや状態が相手に伝わるように工夫しながら、ジェスチャーや表情を使って尋ね合おうとしていました。

●好きなものをインタビューし合う活動では、ペアの相手を見つけると、Hello.と自分から必ず挨拶をして、話すきっかけを作ってやり取りをしようとしていました。

●クイズ大会をするために、What's this? It's a dog. It's a dog's footprint.などのようにヒントを考えて聞き手に伝えるなど、相手に分かりやすいように工夫し、クイズ大会を盛り上げていました。

●いろいろな動作や遊びの言い方、人を誘う表現を使って、自分の好きな遊びに友達を誘うやり取りをしました。活動後も、日常の中でLet's play dodgeball.などと声かけするなど授業以外の日常生活の場面でも習った表現を積極的に使おうとしていました。

●友達に好きな食べ物を尋ねる活動で、前半は同意を伝えるためにうなずく様子が見られました。ペアの相手がやり取りの際に同意を表す表現を言っているのを聞いて、後半はMe, too.と相手に反応を返したりしながら、話を聞こうとしていました。

●好きなスポーツを尋ねられてI like soccer.と答えていましたが、「好きなものが二つある時はandを使ったらよいのではないか」という意見が学級で出た後は、I like soccer and swimming.と答えていました。自分の伝えたいことを表現しようという意欲が感じられます。

●好きな曜日を尋ねられて答えていましたが、相手に伝わらなかったようでした。そこでI like Saturday.と今度は1回目よりゆっくり、はっきりとした声で相手に伝えようとしていました。

〈C評価の例〉

●英語絵本の読み聞かせでは、全部分からなくても、絵と知っている表現をつなぎ合わせて「こういう意味かな?」と想像して聞けるようになるとさらに素晴らしいと思います。

●友達と英語でやり取りをする際に、おおよその内容は理解しているので、さらに「ちゃんと伝わっているよ」という気持ちをこめてうなずいたりリアクションを返したりできるよう声かけをしていきます。

4 "学びを変える" ためのアセスメント

　授業のはじめに示した今日の学習のめあてを授業の終わりに振り返る。そのとき、指導者が用意した振り返りカードを児童に書かせたり、挙手して発表させたりして学級全体で振り返りを共有し、まとめる。大抵の学校ではこのように授業を進めているのではないだろうか。

　指導者は、授業中に児童を褒めたり評価をフィードバックしたりするとともに、児童の書いた振り返りカードを点検・分析して評価の参考とする。この1時間で児童がめあてを

達成していたかどうかを知る手がかりとして捉え、指導の改善につなげる。こうして振り返りが毎時間ごとに蓄積されていくと、1時間、1単元を超えて長いスパンでの児童を見取ることも可能となる。学期末だけの事後評価に終始することなく、児童が1時間の学びを振り返り、次の学びに向かうことができるようなサイクルが大切である。その蓄積を学期ごとの通知票や年度末の指導要録に反映する。

　このように、いいことづくしの振り返りカードであるが、毎回、「楽しかった。」などのような漠然とした感想に終始してしまい悩んでいるという声を耳にすることがある。どのように振り返りをしたらよいのだろう。以下を参考にされたい。

☑振り返りの前に本時のめあてに注目し、何について振り返るかを明らかにする。

　例）指導者：「今日のめあては『英語と日本語の音の違いを比べよう』でした。音の違いを比べてみて気付いたことや思ったこと・考えたことをカードに書きましょう。」

☑児童が書いている間、指導者は個別に声かけをするなど机間指導をする。

　例）・鉛筆が止まっている児童に書き方の支援をする。

　　・指導者から見て、その児童がめあてを達成している姿やよかった点を伝える。

　　・他の児童の書き方の参考にするため、意図的に指名して発表させる。

　　・（「違いがあって面白かった。」と書いた児童に）「どういう違いを見つけたの？　詳しく教えて。」「それをどうして面白いと思ったのかな？」と声かけし、児童からさらに話を引き出す。

☑全体交流をする。進んで挙手した児童の他、意図的に指名して発表させる。児童同士の交流も促し、指導者やALTからもコメントをする。

☑指導者は毎回振り返りカードに目を通し、一言コメントを入れて返す。コメントには、授業で見取った児童の頑張り、励まし、次時への具体的なアドバイスを書き、児童が前向きに学習改善を図れるような内容を心がける。

　学習評価は、児童を段階別に分類したり○×をつけたりするものであってはならない。指導者は1時間1時間の授業を大切に教材研究に励み、児童の振り返りを授業改善に生かすとともに、どの児童もめあてを達成できる質の高い授業を目指していきたいものである。

総合的な学習の時間

●評価の観点及びその趣旨（指導要録）

観点	知識・技能	思考・判断・表現	主体的に学習に取り組む態度
趣旨	探究的な学習の過程において、課題の解決に必要な知識や技能を身に付け、課題に関わる概念を形成し、探究的な学習のよさを理解している。	実社会や実生活の中から問いを見いだし、自分で課題を立て、情報を集め、整理・分析して、まとめ・表現している。	探究的な学習に主体的・協働的に取り組もうとしているとともに、互いのよさを生かしながら、積極的に社会に参画しようとしている。

1 知識・技能

〈A評価の例〉

●地域に古くから残るものを調査する学習では、公民館での自治会長さんの話から、自分が知ったこと、身に付けたことをもとに他のところに行った仲間の情報を比べ、時系列で年表にまとめるなど、社会科で学んだ時期や時間の経過の視点を生かすことができました。【中】

●地域猫の保護活動に取り組む学習では、１年間に殺処分される猫が市内だけでも400頭もいるということや交通事故で6000頭以上がいのちを失っていることから、１匹でも多くの猫のいのちを救うために、現状の課題の啓発と対策をつなげて、パンフレットにまとめることができました。【中】

●「哲学カフェを開こう」の学習では、テーマ「本当の友達とは何か？」について議論を深め、ゲストティーチャーの方からの話を聴き、何でも話せることだけではなく素直に語り合えることや、自己開示の大切さを構造的に捉えることができました。【高】

●「整えよう腸内環境」の学習では、家庭科の学習での学びを生かして、自分の献立のみそ汁に食物繊維が豊富なわかめや発酵食品のかつお節を加えることによって、バランスのよい食事に作りかえることができると教科の学びと関連させて理解することができました。【高】

●地域の川の環境保護では、水質の汚染について、パック試験紙を使って調べるなど、理科の知識を生かした調査を行いました。その中で生活排水だけでなくポイ捨てされたゴミが残ってしまうというマイクロプラスチックの問題も知ることとなり、地域の問題が

世界の問題ともつながっていることを説明することができました。【高】

〈B評価の例〉

●身近な自然を観察しようでは、学校を隅々まで観察しながら、ミミズがたくさんの場所に生息していることを発見し、特徴やいる場所をわかりやすく絵や文にまとめることができました。【中】

●身近な地域の公園の環境美化活動では、大濠公園の環境美化を進めるために、ゴミの量を集計し、グループのみんなでその結果をまとめ、公園を利用する人々に伝えることができました。【中】

●なぜ「サザエさん」は長い間愛され続けているのか考えるために、チームで「登場人物」について調べ、その個性豊かな魅力を理解することができました。【中】

●地震の被災地や被災者の生活について詳しく調べることで、みんなの考えや意見のよさを関係付け、困っている方々への支援は続けていく必要があることを理解することができました。【高】

●「哲学カフェを開こう」の学習においては「大人と子供の違い」の境界線の曖昧さに気付き、経験による心の成長が大人になっていく過程であるのではないかということを捉えることができました。【高】

●「卒業研究」では、算数科の学習で学んだ知識をもとに、円周率をテーマとして、円周と直径の比を観点に複数の図形から円周率を計算して円周率が3.14であることを確かめたり、円周率がπと表されることを調べたりしました。複数の図形から規則性を見つけようとすることができました。【高】

〈C評価の例〉

●算数科の学習で身に付けた表やグラフで表すことを自分たちの調査結果をまとめる際に生かすことができました。このように日々の学習が、総合的な学習の時間の学びにつながっていることに気付いてもらえるように支援していきます。【中】

●世界遺産を調べる学習では、歴史学習で学んだ東大寺の大仏や法隆寺について知っていることをまとめることができました。今後は、人類にとって良くも悪くも重要で守り続ける必要があるものというところまで行き着くことができるとさらなる成長が期待できます。【高】

② 思考・判断・表現

〈A評価の例〉

●身近な地域の公園の環境美化活動では、花火大会を九州一にしたいという願いをもち、「自分たちの大切な公園で、未来に向かってつながっている」という考えを根拠と理由

を明らかにし、筋道を立てて地域の人々に伝えることができました。【中】

●地域に残るものを調べる学習では、自分の経験や知ったこと、身に付けたことをもとにチームでの話合いで、唐人町商店街や当仁公民館、神社で見つけた情報を比べ、それらの共通点と相違点をベン図にして表しました。自分の考えを広げることができました。【中】

●地域の百道浜海岸で生まれた「サザエさん」の魅力について調べる中で、その中に描かれている自分の家族とのかかわりについて見つめ、あたたかい生活を実現するために必要なメッセージが四コマ漫画の中に共通して描かれていることについて考えることができました。【中】

●「サザエさん」の世界の中で見られるなぜ「ユーモア」があたたかいのか考え、チームの仲間のためにシンキングボードを使って考えをまとめたり、説明したりして地域の方々に発信することができました。【中】

●国際理解の学習では、福岡市に住んでいる外国の方々が抱いている困り感を知ることとなり、その中でも食事に困っているということから、特に災害が起きたときの炊き出しに豚肉などの肉類を使わずに調理する方法を考え、自分の近所の公民館で地域の人々に対して、レシピにして表すことができました。【中】

●地震の被災地の復興支援をするためにできることを考えた学習では、みんなの考えや意見のよさを見出したり、自他の考えを関係付けたりして自分にできる活動として義援金を募ることができると考え、県の公園に来ている方々に呼びかけ、実行することができました。【高】

●「哲学カフェを開こう」の学習では、「未来に人間がすべきことは何か？」の話合いで、コーディネーターを務め、様々な意見を整理してまとめて話したり、自分なりの見解を全体で話したりするなど、多角的に考えることができました。【高】

●これからの幸せな国の財政の在り方を考える学習では、社会科で学んだ「政治」の学習で学んだことを基に、今後予想される超高齢化社会を見据え、社会保障を充実させるとともに、財務の健全化を考えた予算案をつくろうと考えることができました。【高】

●福岡市のスタートアップ企業について学んだ、「小学生起業家になろう」の学習では、二酸化炭素の排出量を抑えるために、タクシーの電気自動車化と予約アプリの普及による流し運転の減少をビジネスプランとして考え、提案することができました。【高】

●「哲学カフェを開こう」の学習では、最初は哲学の学習の中で友達の考えを理解することの難しさを感じていましたが、友達の考えを聴き合うことを通して、自分の考えがはっきりすることを実感し、多様な価値観を受け入れることで多角的に考えを述べることができました。【高】

〈B評価の例〉

●身近な地域の公園の環境美化活動では、花火大会でゴミが出ないようにするために他市の祭りのことを調べたり、市役所の人に取材したりして、自分の考えを学級の友達に説明することができました。【中】

●環境美化のためにモラルやマナーの向上に向けたポスターを作成し、それをもとに利用する人々に自分たちの考えを説明することができました。【中】

●地域猫の保護活動に取り組む学習では、これまでの自分を見つめ、野良猫や殺処分される猫が無くなるように思いやりをもとうとするとともに、いのちを大切にした生活を実現するために必要なことについて考えることができました。【中】

●海外での生活を生かして、滞在していた国では、どのように休みの日を過ごしていたかについて、写真を使ったり、インターネットで検索したりして調べ、分かったことをオープンスクールで詳しく説明することができました。【高】

●西郷隆盛の命を救った郷土の平野國臣の生き方を学ぶことを通して、明治維新の礎を築く前に亡くなった國臣がどのように自分が社会に貢献して生きていくのか、明確な目標設定と強い意志をもっていくことの大切さを捉えることができました。【高】

●プログラミングを行った学習では、レゴブロックを使って、テーマに沿ったものをつくることができました。宇宙探査機のイメージを基に、動きや形を工夫し、理科の学習で学んだ科学的に考えることを生かすことができました。【高】

〈C評価の例〉

●町の自慢地図づくりでは、町の自慢できる特に珍しい古い建物について調べようという課題を持ちました。どのように調べるのか計画を立て自分に合った資料を選んで準備することで情報収集ができるようになります。【中】

●地域の高齢者の方々と交流する学習では、取材したことをもとに情報を収集することができました。今後、どのように伝えればよいのか見通しをもって調べて考えたことをまとめることで、整理・分析ができるようになります。【高】

3　主体的に学習に取り組む態度

〈A評価の例〉

●身近な自然を観察しようでは、夢広場の虫を幅広く観察する中で、様々な花々に関心をもち、ソメイヨシノなどの植物について図鑑を使って、13種類も詳しく調べることができました。【中】

●地域の銭湯の活性化のために、銭湯の一日経営を実現したいという目的のために、地域の状況や、経営のための条件を意識して活動内容を決定し、相手の立場を考え、仲間と

協力して活動することができました。【中】

●高校生のダンス部と交流した学習では見ている相手に伝えたいことがわかるように工夫して、ダンス部のように、心を一つにして元気のよさを伝えるという目的に応じたダンスで表現しようと目標設定して計画的に練習を進めることができました。【中】

●地域猫の保護活動に取り組む学習では、チームでの活動に主体的に関わりながら、みんなのために力を発揮して大濠公園で市民の方々にパンフレットを配り、猫の殺処分の問題についての啓発活動を進んで行うことができました。【中】

●地域の銭湯について調べる学習では、福岡市の銭湯が200軒から14軒に減少してしまったことに危機感をもち、自分が考えた方法で銭湯経営をしたいと考え、来ていただいたお客さんに手作りのプレゼントをあげるなど、課題に対して見通しをもってやり抜く力を伸ばしています。【中】

●留学生と交流する学習では、日本人の一人として、真心をもって「おもてなし」ができるような人になりたいと、ゲストティーチャーとの話合いを通して、志を新たにすることができました。【高】

●「一箱に思いをつめて」の学習では、友達とアイデアを出し合って、自分たちでつくる弁当にふさわしいおかずを決めることができました。チームで協力して、自分たちの力で時間内に完成できるような調理計画書を作成することができました。【高】

〈B評価の例〉

●身近な自然を観察しようでは、夢広場の生き物を観察する中で、様々な植物に関心をもち、見通しをもって調べようとするなど、計画的に追究することができました。【中】

●体育科の学習を生かして、自分たちのダンスをつくる過程で、自分のよさを他者の助言を受けながら見つめたり、心を一つにしたダンスにするために努力する仲間のよさを見つけたりすることができました。【中】

●明治維新を成し遂げた福岡の志士を調べる学習では、鳥飼神社に奉納されている食事の米と和紙を練って10日もかけてつくった「こより文字」などから平野國臣の志の強さを感じ、どんなことがあっても諦めないことを大切にしたいという自分の生き方につながる目標を設定することができました。【高】

●国際交流の学習では、学習やこれまでの学習経験をもとに、「おもてなし」について自分なりの考えをもち、日本のおもてなしの心を伝えたいという思いをもつことができました。【高】

●和食のよさを探る学習では、自分たちでアンケートを作成し、集計した結果をみんなに紹介したいという思いをもち、仲間と協動的に活動することができました。【高】

〈C評価の例〉

●友達に促されると何をしたらよいかはっきりとしてきて、意欲的に調べる活動を行って

いました。自分で活動を進めるための学習計画づくりを大切にすることでより、課題について探っていく楽しさが味わえます。【中】

●自分の調べてみたいことが見つかったときは高い集中力で黙々と調べたり、考えをまとめたりすることができました。その力が協動的な学習でも発揮されるように、仲間の考えを受け入れつつ自分の考えを伝えることができるように支援していきます。【高】

④ “学びを変える” ためのアセスメント

アセスメント（評価）は子どもたちの学習に生かされるための評価である必要がある。たとえ、ルーブリックをつくったとしても、それを基に詳細に評価したところで、子どもたち自身が目標も評価基準も知らない状況で一方的に評価されるのでは教師のための評価に陥る。教師の評定のためではなく、子どもの「学習のための評価」が重要である[1]。そこで、教師は子どもたちと目指すべき姿を共有し、今の状況も自覚させたり、子どもたち自身が自分の学習について評価したりする自己内省を行うことが重要である。

そこで質の高い学びを変えるためのアセスメントの具体を次の二つから考えていく。

① 評価の日常化

中央教育審議会（2019）は、「教師の勤務実態などを踏まえ、指導要録のうち指導に関する記録については大幅に簡素化し、学習評価の結果を教師が自らの指導の改善や児童生徒の学習の改善につなげることに重点を置くこととする。」とした[2]。このような背景からもローコスト・ハイパフォーマンスを実現する必要がある。そこで、総合的な学習の時間においては、日常での子ども自身のフィードバックにも生かせるように、次のような取組を日常化したい。

> ① 定期的に振り返りの記述を基に子どもたち自身で振り返りを交流する。
> ② 座席表型の観察シートで変容が大きいと教師が感じた子どもを記録し紹介する。

このようなことは日常的にしている教員も多いと思うが、今一度意識し、日々子どもの学びを価値付けていきたい。「～という考えは深い。」「～と～というような様々な視点から捉えている。」など、どのような学びを教師が期待しており、子どもたちがどのように高まっているのか価値付けていくことが今一度、重要とされる。

② 自己調整的な学習への支援

文部科学省（2019）より、「小学校、中学校、高等学校及び特別支援学校等における児童生徒の学習評価及び指導要録の改善等について（通知）」が明示された。ここでは、学習評価の主な改善において、「各教科等の観点の趣旨に照らし、知識及び技能を獲得したり、思考力、判断力、表現力等を身に付けたりすることに向けた粘り強い取組の中で、自

らの学習を調整しようとしているかどうかを含めて評価する」と示されている[3]。このような自己調整的な学びは、学びの主体としての大切な要素である。鹿毛（2004）は、学習意欲には三つの段階があるとし、まず状況的意欲、次に文脈的意欲、最後にパーソナリティ意欲があるとしている[4]。ここでは状況的意欲に近い「楽しんでいる」「興味・関心が高い」から、文脈的意欲としての「〜という目的を達成したい」「〜を解決したい」というところから、「探究することは難しいが自分にとって意味がある」というパーソナリティ意欲まで高めたい。どうしても子どもたちの挙手やノートへの記述などの目で見える意欲で評価をしてしまいがちであったが、静かでも集中し、息の長い粘り強い探究をしている子ども像が望まれていると考える。もちろん学習には「勢い」が大切であるが、自分自身で学びの価値を実感し、確かな自分の成長やうまくいかないときも自分自身で立ち止まって考えているのか想像し、見取る目をもちたい。またそれらは言語化しなければ表出されにくい。

そこで、振り返りの場面を次のように位置付けていく。

① 記述式のアンケート（何に悩んでいるのか、うまくいかないところはどこか）
② 自分の学びを紹介しながら、学習したことを手紙に書く。

子どもは「振り返りなさい」と言ってもうまく自己の内面を表出することは難しい。そこで、例えば、学習中に関わったゲストティーチャーやお世話になった方に手紙を書かせる機会を設けることで、身近ではない人に自分の思いや考えを分かってもらうために振り返る学習の機会を仕組む。そうすることで、子どもたちの資質・能力の育ちを子どもも教師も見取ることができるのではないだろうか。

●注
1 石井英真「高次の思考力をはぐくむカリキュラムと評価—ポスト・ブルームの評価論の日本的展開—」日本カリキュラム学会第30回大会公開シンポジウム「評価を生かしたカリキュラム設計」ppt資料、2019年、p.21
2 中央教育審議会「児童生徒の学習評価の在り方について（報告）」2019年1月21日、p.18
3 文部科学省「小学校、中学校、高等学校及び特別支援学校等における児童生徒の学習評価及び指導要録の改善等について（通知）30文科初第1845号」http://www.mext.go.jp/b_menu/hakusho/nc/1415169.htm、2019年3月29日
4 鹿毛雅治「動機づけ研究のいざない」上淵寿編著『動機づけ研究の最前線』北大路書房、2004年、p.6

特別活動の記録

●評価の観点及びその趣旨（指導要録）

観点	知識・技能	思考・判断・表現	主体的に学習に取り組む態度
趣旨	多様な他者と協働する様々な集団活動の意義や、活動を行う上で必要となることについて理解している。 自己の生活の充実・向上や自分らしい生き方の実現に必要となることについて理解している。よりよい生活を築くための話合い活動の進め方、合意形成の図り方などの技能を身に付けている。	所属する様々な集団や自己の生活の充実・向上のため、問題を発見し、解決方法について考え、話し合い、合意形成を図ったり、意思決定をしたりして実践している。	生活や社会、人間関係をよりよく築くために、自主的に自己の役割や責任を果たし、多様な他者と協働して実践しようとしている。 主体的に自己の生き方についての考えを深め、自己実現を図ろうとしている。

1 知識・技能

〈A評価の例〉

●みんなで学級生活を楽しくすることの大切さを理解して行動できます。また、自分とは違う友達の考えも取り入れることを知り、活動することができます。【低】

●学級のみんなと協力して楽しい学級生活をつくることの大切さを理解して行動できます。みんなの意見をうまく取り入れながら、より良い活動にする方法を身につけています。【中】

●学級のみんなと協力して楽しく豊かな学級や学校生活をつくることの大切さを理解して活動することができます。異なる意見もうまく折り合いをつけながらより良い実践活動にする方法を身につけています。【高】

●健康で安全な生活をおくる方法を、学校で得た知識だけでなく、保護者との約束などもあわせて実践することができました。【低】

●健康で安全な生活をおくる方法をしっかりと理解し、実行可能な自分なりの方法を家族とも相談して実践することができました。【中】

●健康で安全な生活をおくる方法を理解すると共に、高学年として好ましい行動をとることも理解し、学校や家庭、地域でも実践することができました。【高】

●学級の当番活動を真面目にやり遂げることの大切さを知り、自分に与えられた仕事を最

後までやりきった時の喜びを感じることができました。【低】

●学級の当番活動を真面目にやり遂げることの大切さを理解し、係活動などを選ぶときなどは、友達の意見に左右されることなく自分で選択することの大切さを理解することができました。【中・高】

●学級や学校で自分の果たさなければならない役割や分担を知り、働くことの大切さを理解することができました。また将来、自分の進むべき進路について、展望をもつことの大切さを知ることができました。【高】

●クラブ活動では、積極的に自分のやりたいことを発言することの大切さを知り、前向きに活動することができました。自分の意見が通らなくても、みんなと仲良く活動することが大事であることを理解できました。【中】

●クラブ活動や委員会活動では、下学年のことや学校全体のことを考えて計画・活動することが重要であることを理解しました。特に、クラブ活動では、下学年との力の差を考えて自分たちにあったルール等を考えることでみんなが楽しめることを理解できました。【高】

●運動会や学習発表会など、全校的な学校行事で、整列の仕方や集団行動など、自分がとるべき態度や行動を理解することができました。【低・中】

●運動会や学習発表会など、全校的な学校行事で、自分がしなければならない役割分担を理解することができました。また、高学年として下学年をリードしていかなければならないことも理解することができました。【高】

〈B評価の例〉

●学級生活を楽しくすることの大切さを理解できます。人の考えも大切にすることを知り、活動することができます。【低】

●学級のみんなと一緒に楽しい学校生活をおくることの大切さを理解しています。みんなの意見を聞きながら、活動をする方法を身につけています。【中】

●楽しく豊かな学級や学校生活をおくることの大切さを理解しています。自分とは異なる意見も聞きながら、うまく活動することができます。【高】

●健康で安全な生活をおくる方法を知り、学校や家庭でも習ったことをしっかりと守り実行することができました。【低】

●健康で安全な生活をおくる方法を理解し、学校や家庭でも習ったことをもとにして、自分なりの方法で実行することができました。【中】

●健康で安全な生活をおくる方法を理解し、学校や家庭、地域でも高学年らしく状況に合わせて自分なりの方法で実行することができました。【高】

●学級や学校で自分のやらなければならない役割分担を知ることができ、それを真面目に最後までやりきることの大切さを理解できました。【中・高】

〈C評価の例〉

●楽しい学級生活をおくることの大切さを理解し、自分が楽しく過ごす方法を身につけています。【低】

●楽しい学級生活をおくることの大切さを理解し、自分の考えを大切にして、楽しく過ごす方法を身につけています。【中】

●楽しく学級や学校生活をおくることの大切さを理解し、自分の考えとよく似た仲のよい友達と楽しく過ごす方法を身につけています。【高】

●健康で安全な生活をおくる方法を知り、担任や家庭の助けや支援を受けながら実行することができました。【低・中・高】

●運動会や学習発表会など、全校的な学校行事では、先生や高学年の支持をしっかりと聞かなければならないことを理解することができました。【低】

2　思考・判断・表現

〈A評価の例〉

●学級での話し合いでは、友達の意見をよく聞いて、自分の意見と比べながら付け加えたり、賛成・反対の意見を理由付けしたりして、積極的に発言できます。【低】

●学級での話し合いでは、友達の意見をよく聞き、自分と同じような意見であれば付け加えをしたり、反対意見であっても、全体の状況をよく考え、おりあいを付けたりして、自分の意見を修正することができます。【中・高】

●健康で安全な生活をおくる方法を知り、実行可能な自分なりの方法を考え、実践することができました。【低】

●健康で安全な生活をおくる方法を理解し、実行可能な自分なりの方法をいくつか考え、自分に適した方法を選んで実践することができました。【中】

●健康で安全な生活をおくる方法を理解し、実行可能な自分なりの方法を考え、それを実行するために点検表を自ら作成して、それをみんなに発表することができました。【高】

●学級や学校でやらなければならない役割分担を考えて、高学年らしく責任をもって最後までやり遂げることができました。また、自分の仕事をやりきることの大切さを知り、次に何をしなければならないのかを判断・選択する力がつきました。【高】

●委員会活動では、下学年や学校全体のことをよく考えて、誰でもできることや楽しめることを企画することができました。特に低学年にもわかりやすくするためにはどうすればよいかを考え、ポスターやチラシを工夫したり、ルビをうったりすることができました。【高】

●運動会や学習発表会など全校的な学校行事では、高学年が企画や進行の一部分を担当す

ることを理解し、どのようなことをすればより良い学校行事になるかを考えて行動することができました。【高】

●学校行事の中で、子どもたちに与えられた役割分担を、責任をもってやり遂げ、さらに行事の中で子どもに委ねられた自由に使える部分については、独創的で行事全体がより充実した取組になるような企画を考えることができました。【高】

〈B評価の例〉

●学級での話し合いでは、友達の意見を聞いて、自分の意見と比べながら賛成・反対の意見を積極的に発言できます。【低】

●学級での話し合いでは、友達の意見を聞いて、自分と同じような意見であれば積極的に発言できます。自分の意見と反対の意見に対しては、理由を付けて自分の考えを発言することができます。【中・高】

●健康で安全な生活をおくる方法を知り、毎日よく考え気をつけながら実行することができました。【低】

●健康で安全な生活をおくる方法を理解し、自分なりにより良い生活の仕方を考え、それを継続して実行することができました。

●学級や学校でやらなければならない自分の役割分担について考えることができ、その仕事を期日までに仕上げるためには、どのような計画で実行していけばよいかを判断して活動できました。【高】

●クラブ活動や委員会活動の活動内容を自分でよく調べ、自分が希望するクラブや委員会を選択することができました。また、そこでの活動もリーダー的な役割を果たすことができ、より良い活動内容を企画することができました。【高】

〈C評価の例〉

●学級での話し合いでは、自分からすすんで発言する方ではありませんが、友達の意見を聞いて、賛成や反対の意見を発言することができます。【低・中・高】

●健康で安全な生活をおくる方法を理解し、担任の助言や支援を聞き入れながら実行することができました。【低・中・高】

●学級や学校でやらなければならない自分の役割分担について、担任や担当の先生に教えてもらい、その役割を果たすことができました。【中・高】

3 主体的に学習に取り組む態度

〈A評価の例〉

●学級の話し合いに積極的に参加し、決まったことに対して自分からすすんで活動することができました。【低】

●学級の話し合いに積極的に参加し、決まったことや自分の役割分担を理解して、すすんで活動することができました。また、活動する中で、より良い方法を考え出し、それを実践することができました。【中・高】

●学級の話し合いに積極的に参加し、決まったことを実践する過程で、期日までの日程の計画をしたり、役割分担を采配したりするなど、リーダーとして全体を把握しながら活動することができました。【高】

●健康で安全な生活の仕方を知り、担任の話や友達のしていることを参考にして、自分にあう方法を考え、実行することができました。【低・中】

●学級で話し合った健康で安全な生活の仕方を自分の環境に合わせて、自分なりの取り組みを考え、継続的に実践することができました。【高】

●学級や学校でしなければならない役割分担を自ら調べ、積極的にその仕事をやり遂げることができました。また、仕事をやり遂げる喜びを理解し、自ら新しい仕事を見つけて取り組むことができました。【高】

●自分の将来について積極的に話し、自分の進もうとする進路について、担任や保護者と相談したり、図書館で調べたりすることができました。【高】

●クラブ活動や委員会活動では、担当の先生に頼ることなく、前年度の活動を振り返ったり、前年度に入っていた友達に相談したりアンケートをとったりして、活動内容を計画することができました。【高】

●学校行事で、整列の仕方や話の聞き方など、参加の仕方についてどのような行動をとればよいかを自分の力で考え、素晴らしい態度で臨むことができました。【低・中】

●学校行事の中で子どもたちに任された部分について、同じ役割の友達と話し合ったり、担当の先生のアドバイスを聞いたりして、より充実した行事にすることができました。【高】

〈B評価の例〉

●学級の話し合いで決まったことに対して、自分からすすんで活動することができました。【低】

●学級の話し合いで決まったことに対して、自分の役割分担を理解して、すすんで活動することができました。また、友達と協力しあって仲良く活動できました。【中】

●学級の話し合いで決まったことに対して、先を見通して活動をすることができました。自分の役割分担に対して、期日までに責任をもってやり遂げることができました。【高】

●健康で安全な生活の仕方を知り、自分の力で実行できるように気をつけながらより良い学校生活や家庭生活がおくれました。【低・中】

●健康で安全な生活の仕方を自分の生活環境にあわせながら考え、それを実行するために毎日努力することができました。【高】

〈C評価の例〉

●話し合いで決まったことに対して、友達と仲良く活動することができました。【低】

●話し合いで決まったことに対して、自分の役割を把握して活動することができました。【中】

●話し合いで決まったことに対して、自分の役割分担を理解し責任をもってやり遂げることができました。【高】

●健康で安全な生活をおくる方法を、友達の意見を聞きながら考えることができました。考えた方法で、毎日実行しようと努力することができました。【低・中・高】

4 "学びを変える" ためのアセスメント

　特別活動は、学級活動、児童会活動、クラブ活動及び学校行事から構成されている。各活動と学校行事には、それぞれ目標があり、その対象となる集団や活動内容も異なってくる。さらに、学級活動だけをみても（1）（2）（3）とあり、それぞれが関連しながらも、育てようとする児童の資質や能力、そして学習形態も異なる。

　しかし、特別活動全体を通して「人間関係形成」「社会参画」「自己実現」の三つの視点が資質・能力を育成する重要な要素であり、学習過程においても重要な視点であるので、特別活動全体を通して、この視点を踏まえて子どもたちを評価したい。

　それでは、この三つの視点を踏まえた活動はどのようにあるべきかを考えたい。

① 子どもたち同士の話合い活動を中核においた授業

　学級活動（1）は、まさしく子どもたち同士の話し合いが中心となり、学級内の諸問題を解決したり、よりよい学級をつくりあげたりするのである。全ての特別活動で行われる話合い活動の基盤となるものである。集団で話し合うことにより、異なった意見が衝突することもあるが、教師の適切な助言や支援の下、子どもたち同士が折り合いをつけて話し合いながら合意形成がなされる。

　学校行事においても、子どもたちに任せられる部分を意図的につくり、適切な教師の助言の下、子どもたちが主体的に活動し、よりよい学校行事にしていくことによって、子どもたちの学校行事への参画意識を育てるのである。

　子どもたちの話し合いなしで、教師が全て企画・運営・問題解決をすれば、時間的に節約されるかもしれないが、それでは特別活動の目標に準じた評価はできない。

② 主体的に組織づくりや選択をさせ、役割分担が一人一人にあること

　学級におかれる係活動は、当番活動と明確に区別して、子どもたちに自分の学級に必要な係やその人数を話し合いで決めさせたい。また、クラブ活動や委員会活動においても子どもたちの要望を聞きながら教師の適切な助言の下、組織をつくるようにしたい。自分の

意志で一定の期間、活動する集団を選択できるのは、特別活動の大きな特質である。教師が所属の割り当てをしたり人数制限をすることはできるだけ避けたい。

　また、それぞれの組織内で必ず一人一人の子どもたちに役割分担があり、その役割を果たす過程を評価することが重要である。

③　規則遵守と道徳的価値観を備えた、自主的・自発的・自治的能力の育成

　どの教科・領域でも大切なことであると考えるが、とりわけ特別活動は、「為すことによって学ぶ」（Learning by Doing）という根本理念を指導の中核としてきた。その理念を下に、できるだけ子どもたちの自主性や自発性・自治性を「尊重」して、教師や児童自らが企画・運営して実践活動を行っている。このような実践活動を積み重ねることによって、特別活動のねらいに迫ることができるのである（学校行事では、子どもたちに任せることのできる部分で）。

　しかし、子どもたちの自主性・自発性・自治性を「尊重する」ということが曲解され、何でも子どもたちの意見や考えを取り入れて活動することが大切であると考えて活動させている実践例もある。

　学級や学校、そして社会にはルール（規則や慣習）がある。また、人と人がよりよい生活をしていくためには、相手を思いやる心や協調しあう態度や行動など、子どもたちが道徳科で得た、道徳的価値観に基づく思いや実際の行動がある。さらに、活動範囲や活動時間の制限や、安全上の問題など、小学校の子どもたちでは解決できない課題も多くある。

　特別活動の評価は、様々な規則や道徳的価値、そして、活動を行う上での諸条件を子どもたちが考えながら、実践活動をしている姿を評価しなければならないのである。

　そのためには、低学年ほど教師の指導・助言・支援が多くなるのは当然である。学年が進むにつれて、その頻度をできるだけ減らすとともに、好ましい評価をすることによって、子どもたちの自主性・自発性・自治性を育てていきたいものである。

行動の記録

●評価項目及びその趣旨（指導要録）

項　目	学　年	趣　旨
基本的な生活習慣	第1学年及び第2学年	安全に気を付け、時間を守り、物を大切にし、気持ちのよいあいさつを行い、規則正しい生活をする。
	第3学年及び第4学年	安全に努め、物や時間を有効に使い、礼儀正しく節度のある生活をする。
	第5学年及び第6学年	自他の安全に努め、礼儀正しく行動し、節度を守り節制に心掛ける。
健康・体力の向上	第1学年及び第2学年	心身の健康に気を付け、進んで運動をし、元気に生活をする。
	第3学年及び第4学年	心身の健康に気を付け、運動をする習慣を身に付け、元気に生活をする。
	第5学年及び第6学年	心身の健康の保持増進と体力の向上に努め、元気に生活をする。
自主・自律	第1学年及び第2学年	よいと思うことは進んで行い、最後までがんばる。
	第3学年及び第4学年	自らの目標をもって進んで行い、最後までねばり強くやり通す。
	第5学年及び第6学年	夢や希望をもってより高い目標を立て、当面の課題に根気強く取り組み、努力する。
責任感	第1学年及び第2学年	自分でやらなければならないことは、しっかりと行う。
	第3学年及び第4学年	自分の言動に責任をもち、課せられた役割を誠意をもって行う。
	第5学年及び第6学年	自分の役割と責任を自覚し、信頼される行動をする。
創意工夫	第1学年及び第2学年	自分で進んで考え、工夫しながら取り組む。
	第3学年及び第4学年	自分でよく考え、課題意識をもって工夫し取り組む。
	第5学年及び第6学年	進んで新しい考えや方法を求め、工夫して生活をよりよくしようとする。
思いやり・協力	第1学年及び第2学年	身近にいる人々に温かい心で接し、親切にし、助け合う。
	第3学年及び第4学年	相手の気持ちや立場を理解して思いやり、仲よく助け合う。
	第5学年及び第6学年	思いやりと感謝の心をもち、異なる意見や立場を尊重し、力を合わせて集団生活の向上に努める。
生命尊重・自然愛護	第1学年及び第2学年	生きているものに優しく接し、自然に親しむ。
	第3学年及び第4学年	自他の生命を大切にし、生命や自然のすばらしさに感動する。
	第5学年及び第6学年	自他の生命を大切にし、自然を愛護する。
勤労・奉仕	第1学年及び第2学年	手伝いや仕事を進んで行う。
	第3学年及び第4学年	働くことの大切さを知り、進んで働くようにする。
	第5学年及び第6学年	働くことの意義を理解し、人や社会の役に立つことを考え、進んで仕事や奉仕活動をする。

公正・公平	第1学年及び第2学年	自分の好き嫌いや利害にとらわれないで行動する。
	第3学年及び第4学年	相手の立場に立って公正・公平に行動する。
	第5学年及び第6学年	だれに対しても差別をすることや偏見をもつことなく、正義を大切にし、公正・公平に行動する。
公共心・公徳心	第1学年及び第2学年	約束やきまりを守って生活し、みんなが使うものを大切にする。
	第3学年及び第4学年	約束や社会のきまりを守って公徳を大切にし、人に迷惑をかけないように心掛け、のびのびと生活する。
	第5学年及び第6学年	規則を尊重し、公徳を大切にするとともに、我が国や郷土の伝統と文化を大切にし、学校や人々の役に立つことを進んで行う。

1　基本的な生活習慣

●気持ちのよい元気な挨拶は、学級の模範であり、学級全体の雰囲気を明るく、和やかなものにしていました。

●ロッカーの持ち物や机の中の教科書をきちんと整理するとともに、それに記名をし、忘れ物がないように心がけていました。

●登下校の交通のきまりを守り、安全な歩行と道路横断に心がけ、元気よく登下校をしていました。また、地域の方々にもきちんと挨拶ができています。

●次の学習の準備をしてから休み時間を過ごし、始業の合図もきちんと守ることができました。落ち着いた学校生活を送っています。

●机の中の教科書等が上手く整理されておらず、忘れ物も多かったので、整理整頓の大切さを指導したところ、次第に持ち物の管理と整理に心がけるようになりました。

●年度当初は、友達と道路に広がって歩いたり、信号を無視して横断したり、登下校で危ない場面がありましたが、登校班での指導を行ったところ、安全な歩行に心がけるようになりました。上級生として、下級生の安全指導や歩行の世話もできるようになりました。

2　健康・体力の向上

●休み時間の後や給食の準備の前の手洗いやうがいをきちんと行っています。ハンカチなどの持ち物も清潔であり、よい身だしなみにも心がけています。

●運動後の汗や衣服の処理などに心がけ、清潔な身だしなみに注意を払っています。また、病気の予防のために、友達に手洗いやうがい、教室の空気の入れ替えなどを呼びかけました。

●朝のランニングでは、自分の目標を決め、友達と励まし合いながら黙々と運動場を走っ

ていました。運動に親しむことで走力も伸び、体力も向上しています。

●食べ物の好き嫌いがなく、友達と楽しい給食時間を過ごしています。食べ方もご飯、おかず、牛乳とバランスよく食べ、食べ物もよく噛んでいます。

●運動が好きで、運動場で楽しく遊び、よく運動しています。ただ、運動後の汗をそのままにしたり、うがいや手洗いをしなかったりすることがありました。健康な生活を送る上で清潔の大切さと快適な生活について指導したところ、以前より改善しました。

●年度当初は、給食での好き嫌いが多く、食事の時間もだいぶかかっていましたが、少しずつですが嫌いだった野菜を食べることができるようになりました。栄養のバランスを考えた食事に心がけようとしています。

③ 自主・自律

●学習や作業に取り組むとき、見通しを持って活動しています。難しいことや困難な場面に出会っても、最後まで着実に取り組む態度と行動力を持っています。

●清掃や動物の世話など友達が嫌がる仕事を進んで引き受け、最後まで熱心に取り組むことができました。その態度と行動から、多くの友達から信頼されています。

●自分がよいと思ったことは、友達と意見が異なっても堂々と発表しています。一方で友達の意見をよく聞き、自分の考えに取り入れる柔軟性も持っています。

●苦手な計算を克服するための学習計画を立て、毎日計画的に熱心に取り組みました。その結果、計算力が向上し、積み重ねの素晴らしさを味わいました。

●自ら立候補した係活動は最初のうちは興味があり、意欲的に取り組んでいましたが、最近は飽いてしまい、周囲から言われないと活動しなくなりました。面倒がらず、最後までやり遂げることの大切さを指導し、以前よりは向上しています。

●教師から指示されたことには取り組みますが、係活動や掃除など自ら進んで活動する点はあと一歩でした。自分で気付き、考え、行動することの大切さを指導しているところです。

④ 責任感

●係活動や掃除では、人が見ていないところでも自分の役割を自覚し、責任を持って仕事に取り組みました。

●一度引き受けた仕事は責任を持って確実に行うことができ、周囲からの信頼も厚いものがありました。

●自分が失敗したときは、友達のせいにしたり、言い訳をしたりしないで、素直に謝る誠

実さがありました。また、思うような結果が出ないともう一度挑戦する態度と行動もありました。

●話し合いでは、すすんで自分の意見を発表し、周囲の意見も尊重しています。自分の言動に責任を持ち、話し合いで決まったことは確実に行う態度は立派です。

●一生懸命に物事に取り組んでいますが、自分が失敗したときは、周囲から批判されないようにという気持ちが強くなるのか、言い訳をしたり、他人のせいにしてしまったりすることがありました。精一杯取り組んだ結果の失敗は仕方がないこと、自分の責任を果たすことの大切さを指導しました。

●すすんで立候補した給食委員でしたが、昼の遊びに夢中になり、役割である準備や片付けを責任を持って取り組むことができないことがたびたびありました。係の仕事の大切さを意識させ、仕事の見通しを持たせることで、最近は熱心に活動しています。

5　創意工夫

●歴史学習では、絵から読み取れる気付きをノートに多く記入し、積極的に発表していました。疑問があると、図書室で調べたり、教師に尋ねたりする探究心があります。

●教室の雰囲気が明るくなるように掲示板のレイアウトを工夫したり、季節や学習内容を考えた掲示コーナーの設置を提案したり、掲示係としてよく工夫して活動しました。

●好奇心が旺盛で、新しいものに出会うときの目の輝きを感じます。常に現状に満足せず、よりよい方法や新しい考えを取り入れ、楽しい学級となるようにすすんで意見を出したり、授業でユニークな考えを発表したりしています。

●上手な人だけがボールを運び、シュートするサッカーの状態から、みんなが参加し、楽しめる学級独自のルールづくりについて話し合いました。パスの回数やシュート場所による得点の工夫など、誰も気付かなかったアイデアを出して、みんなが活躍できるサッカーを提案しました。

●与えられた係活動には取り組んでいますが、やや受身的で、教師からの指示がないとどうやったらよいのか分からず、遊んでしまうこともありました。仕事の目的を考えさせることで、よりよい学校生活の向上につながる態度と工夫を高めているところです。

●取りかかりは早いのですが、うまくいかないと途中で諦めてしまうこともありました。他の友人が思いつかない素晴らしい考えを持っているので、失敗をおそれず、最後まで取り組む態度と工夫することの大切さを指導しています。

6 思いやり・協力

●友達が失敗したり、困っていたりするときは、そばに寄り添い、優しく、励ましの言葉をかけるなど、相手を思いやる気持ちを持っていました。

●登校班長では、下級生が安全に登下校できるように、優しい声かけや心配りをしていました。物事に当たるとき、自分のことだけでなく、友人のことを考えて行動しています。

●ボールの取り合いになったときは、揉めることなく、じゃんけんをしたり、ルールづくりを提案したり、みんなが楽しむことができるような声かけができていました。

●たとえ友達が失敗しても責めないで、励ましの言葉をかけるなど、広い心を持ち、協力し、みんなでやり遂げようとする態度があります。

●自分の考えを持ち、積極的に行動していますが、自信があるのか、それを友達に押し付けたり、同じ行動を求めたりすることがありました。相手の気持ちや考えをよく考えて行動することの大切さを指導しているところです。

●活動がうまくいかなかったり、気にいらないことがあったりすると、自分の立場や考えを強く主張し、周囲に不満を述べることが多くありました。相手の立場や考え方を尊重し、耳を傾けることの大切さを指導したところ、改善につながっています。

7 生命尊重・自然愛護

●動植物の丁寧な世話や男女関係なく楽しく活動する姿から、一人一人の生命や個性をを大切にする気持ちがうかがえました。誰にでも優しくできる姿は、他の模範でした。

●理科の「メダカの観察」で、卵から稚魚が孵化する場面を見て、「命ってすごい」と思わず声を上げました。メダカの観察から、生命の不思議や大切さ、素晴らしさを感じたようです。

●動植物に大変興味があり、疑問があると、教師に尋ねたり、図書室で図鑑を調べたりしていました。一人一鉢の朝顔の観察や学級園の水やりにもすすんで取り組んでいました。

●季節の移り変わりに気付き、その様子や自然の変化を日記や作文に上手に表現することができました。季節や自然の変化を敏感に捉える豊かな感受性があります。

●学級園の朝顔の水やりや草取りなどの世話が他人任せで、その結果、途中で枯れそうにもなりました。植物の世話の大切さを学ぶだけでなく、生命の大切さをも学ぶ機会であり、指導を進めているところです。

●友達が傷つくような言葉を安易に使ったり、弱い立場の友達をからかったり、いたずら

をしたりすることがありました。誰にでも一つの生命があり、その大切さは等しく、尊重されなければならないことを自分に置き換えて丁寧に指導しています。

❽ 勤労・奉仕

●プリントの配布などをお願いすると、嫌な顔ひとつせず、丁寧に行いました。また、取り組むときの表情も楽しそうであり、学級や友達に奉仕する喜びを感じているようです。

●たとえ人が見ていなくとも、自分に与えられた仕事や清掃を黙々と最後まで責任を持って取り組んでいました。

●運動会後の片付けでは、仕事の取りかかりが早く、友達と協力して体育倉庫の整理に取り組みました。また、人が気付いていない整理の方法を考え、楽しそうに取り組む態度が印象的でした。

●地域清掃では、手際よく作業を進め、下級生に的確に指示を出すなど熱心に活動していました。清掃の気持ちよさだけでなく、働くことの喜びも感じたようです。

●掃除では、雑巾がけやトイレ掃除など、手を汚す仕事を嫌うことが多く、簡単な仕事に目が向きがちでした。掃除後の清々しさや働く喜びを味わうことに至っていないのが残念です。

●与えられた仕事に不平や不満を言うことが多く、理由をつけて他の友達と仕事を代わってもらったり、仕事をしても最後まで丁寧に取り組むことができなかったりしました。仕事に取り組むことの大切さとできたときの達成感を味わわせるように指導しています。

❾ 公正・公平

●自分の考えをしっかり発言するとともに、周囲の意見にも十分に耳を傾け、よりよい考えとなるように努力していました。好き嫌いや自分の利害で判断することはありませんでした。

●学級会では、多くの意見が出るような雰囲気づくりに努めるとともに、いろいろな意見をよく聴き、たとえ少数の意見でも公平に扱うなど、学級会の司会を進めました。

●自分の行為が間違っているときは、その間違いを認め、素直に謝ることができます。また、それを今後の自分の行動に生かそうとする姿から、周囲からの信望があります。

●友達が傷つくような言葉や行動に対して、そのおかしさをきちんと指摘することができます。誰にでも優しく、公平に接しており、周囲からも信頼されています。

●グループ活動では、仲のよい友達とばかりで活動しがちで、他の友達との協力を拒み、活動を厭う傾向がありました。友達と分け隔てなく接し、お互いに協調することの大切さを指導したところ、最近は改善しています。

●普段は友だちに優しく接しているのですが、自分の思い通りにならないと自分の思い込みや決めつけで、友達を非難してしまうことがあり、トラブルになってしまうことがありました。相手の気持ちを考えたり、自分の間違いを素直に認めたりすることの大切さを指導しているところです。

10　公共心・公徳心

●雨天時の教室の過ごし方や運動場でのボールの使い方など、みんなが安全で、楽しく過ごせるように決めた学級ルールの意味を理解し、その遵守に心がけていました。

●学級の備え付けのボールや図書が散乱したりしていると、進んで元の場所にきちんと戻しています。みんなで使うものを大切にする、整理するという意識が高く、学級の模範となっています。

●時間と場所、目的を考えたあいさつや言葉遣いに心がけており、集団生活のきまりやマナーを守ろうという意識があり、落ち着いた学校生活を送っていました。

●社会科で学習したリサイクル活動に興味を持ち、ゴミの分別や再利用資源の回収や利用を家庭や地域で実践しています。社会や環境保全に役立つ活動に取り組んでいました。

●図書室から借りた本を期限までに返さず、教室の机の中に入れっぱなしにしていたことがよくありました。みんなで使うものを大切にすることの意義を指導したところ、現在は改善しています。

●自分だけが楽しければよいという意識から、見学旅行でふざけたり、集合時刻を守らなかったりしたのが残念です。友達からの注意で、素直に改めていましたが、集団生活のきまりを守ることの大切さを指導しました。

11　"学びを変える" ためのアセスメント

①　丁寧な児童理解に努めること。児童のよいところを伸ばす

　児童のよいところを発見し、伸ばす教師でありたい。児童は成長段階であり、大きな可能性を秘めている。児童一人一人を認め、褒め、励まし、伸ばす指導でありたい。

　そのために、丁寧な児童理解に努めることが大切である。単なる表面的な理解に陥ることなく、児童に寄り添い、その行動の裏にある思いや願い、意識、悩みを理解したい。

　また、友人関係や家庭状況などの背景も考慮したい。

目立つ児童もいるが、控えめな児童もいる。目立つ児童のよさや課題は見えやすいが、その裏には悩みがあるかもしれない。控えめな児童は、行動こそ目立たないことが多いが、実は丁寧に、こつこつと努力しているかもしれない。丁寧に児童を見つめたい。その姿勢が、学びを変えていく。よりよい児童の成長に結びついていく。

② **ともに成長するよりよい集団づくりを目指す**

学校は集団で学ぶ場である。児童は、グループで、学級で、クラブで、委員会で、登校班で、そして学校で学ぶ。多くの人と触れ合いながら、成長していく。集団生活であるがゆえに、自分の思いや感情を抑制したり、場や他人に配慮したりすることもある。これからを生きていく上で集団で学ぶことの意味は大きい。

したがって、ともに成長するよりよい集団づくりの経験と指導の工夫が必要である。児童は多くの人との関わりを通じて、学びを変え、よりよい自分の成長につなげていく。

③ **記入に当たって**

記入に当たっては、児童のよさや長所、頑張ったところを記入する。

通知表では、その頑張りの様子が児童や保護者に分かるように具体的に記入する。今後の方向性や、教師の思いや願いを記入することもある。通知表を受け取る児童がさらに頑張ろうという意識を高めるだけでなく、保護者も通知表から児童の頑張りを認め、褒め、励まし、伸ばしてくれるに違いない。所見により学びがよい成長に変わっていく。

一方、短所や欠点、課題については、努力の足跡やこれまでとった指導を記入する。どの児童もよいところと今後頑張ってほしい点がある。児童は、学習や活動を通して、日々成長している。短所や欠点については、単に指摘するのではなく、児童の背景や思いも理解した上で、行動の事実とこれまでの努力の姿や教師がとった指導と成長の様子を記入する。今後の伸びしろと捉え、指導したい。

指導要録では、「行動の記録」の欄に、趣旨に照らして十分に満足できる状況にある場合に、その項目に○を付けることになっている。

総合所見及び 指導上参考となる諸事項

1 総合所見及び指導上参考となる諸事項全体について

① 趣　旨

　小学校等における「総合所見及び指導上参考となる諸事項」（以下「総合所見」）は、児童の成長の状況を総合的に捉えるために設定されている。平成31年1月21日の「児童生徒の学習評価の在り方について（報告）」にあるように「記載される事項は、……児童生徒の学習の改善に生かされるものであり、日常の指導の場面で、評価についてのフィードバックバックを行う機会を充実させるとともに、通知表や面談などの機会を通して、保護者との間でも評価に関する情報共有を充実させる」ことが重要である。また、「観点別学習状況の評価や評定には示しきれない児童生徒一人一人のよい点や可能性、進歩の状況については、個人内評価として実施する」とある。総合所見ではこの個人内評価を積極的に記述する必要がある。

　総合所見は成長の状況等の記録であると同時に次の指導のためのエビデンスでもある。かねてから繰り返し確認されてきたことであるが「指導と評価」は一体のものである。総合所見についての検討をすることにより、カリキュラム・マネジメントや「教育課程や学習・指導の改善」につなげることが重要である。

② 記入の内容

　総合所見は、児童の成長の状況を総合的に捉えるため、【1】「各教科や外国語活動、総合的な学習の時間の学習に関する所見」【2】「特別活動に関する事実及び所見」【3】「行動に関する所見」【4】「児童の特徴・特技、学校内外におけるボランティア活動など社会奉仕体験活動、表彰を受けた行為や活動、学力について標準化された検査の結果等指導上参考となる諸事項」【5】「児童の成長の状況にかかわる総合的な所見」の五つの事項で成り立っている。

　今回の学習指導要領改訂では「何ができるようになるか」「何を学ぶか」「どのように学ぶか」の観点が重要視されている。これらの観点を踏まえて日々の学習で発揮された児童一人一人のよい点や可能性、進歩の状況を【1】から【5】の事項の中から総合的に評価する。さらに、「言語能力・情報活用能力・問題発見・解決能力」「主権者として求められる力」「健康・安全・食に関する力」「新たな価値を生みだす豊かな創造性」など現代的な諸課題に対応する力についても積極的に評価する必要がある。これらは各教科等の学びだ

けでなく教科等を横断する学びにおいて児童のよい点や可能性、進歩の状況を見取るべきであり、そのためにはカリキュラム・マネジメントを積極的に行うことが重要である。

　また、平成31年４月の通知にあるように「通級による指導を受けている児童については、通級による児童を受けた学校名、通級による指導の授業時数、指導期間、指導の内容や結果等を端的に記入する」「教育上特別な支援を必要とする場合については、必要に応じ、効果があったと考えられる指導方法や配慮事項を端的に記入する」ことも必要である。

③　記入上の留意点

　総合所見には、②で示した【１】〜【５】の事項すべてについて記入する必要はない。一人一人を肯定的に捉え、よい点や進歩の状況を事実に即して記入する。そして指導上留意がいる場合には、事実に即して改善の方向や可能性について記入することが重要である。

　総合所見の記述にあたっては、妥当性や信頼性を高めるために学校全体で組織的かつ計画的な取組が必要である。教師同士で交流し合い、児童の成長を見取る着眼点を豊かにしたり、ルーブリックなどを共有したりすることによって評価方法や内容を明確化する。その検討は児童が多様なよい点や可能性、進歩を発揮できる「主体的・対話的で深い学び」の実践につながる。実践事例の蓄積・共有、総合所見の検討は教師の力量向上にも有効である。指導と評価は一体である。総合所見の記述によって指導改善につながるようにすることが重要である。

　情報開示が請求される場合を想定して、指導者が児童の成長を期待し指導を行った事実が伝わるよう、プライバシーや人権に配慮した表記にする。

　また、教師の勤務負担軽減の観点から総合所見については、要点を箇条書きとするなど、その記載事項を必要最小限にとどめる視点も重要である。校内で総合所見の留意点については検討し、共通理解を図る必要がある。

２　教科や外国語活動、総合的な学習の時間の学習に関する所見について

①　各教科等の所見の趣旨

　各教科や外国語活動、総合的な学習の時間の学習（以下「各教科等」）は「生きて働く知識・技能の習得」「未知の状況にも対応できる思考力・判断力・表現力等の育成」「学びを人生や社会に生かそうとする学びに向かう力・人間性等の涵養」という資質・能力の三つの柱で整理されている。さらに「主体的・対話的で深い学び」によって資質・能力を育成するという授業改善の方向が示されている。そのためには学習評価の充実を図り、児童の学習の様子についてパフォーマンス評価やポートフォリオによる評価などで、評価方法の工夫をする必要がある。

それらのうち多くは観点別評価に反映される。総合所見では観点別学習状況の評価では十分示しきれない、学習の文脈の中で見取ることができた児童一人一人のよさ、優れた点や長所、進歩の状況等は所見に記入し、指導に生かすという趣旨がある。

② 記入の内容

従前より、「自分から進んで取り組む力」「友だちと協働する力」「自分を伸ばす力」など、各学校では「育てたい力」を設定し、学習が展開されている。

今回の改訂では、「創意工夫を生かした特色のある教育活動」「豊かな心や創造性の涵養を目指した学習」「多様な人々との協働を伴う学習」「言語活動など学習の基盤をつくる学習」「情報手段の基本的な操作を習得するための活動」「プログラミングなど論理的思考を身に付けるための活動」「道徳教育や体験活動」「多様な表現や鑑賞の活動」「健康で安全な生活と豊かなスポーツライフの実現を目指した活動」など、様々な改善が求められている。

総合所見では「育てたい力」が学習や活動の文脈に沿ってどのように成長しているかを記述する。「自分の学習の仕方を振り返り、よりよい学習の仕方を考え実行している」「自分に不足するところは何か、次のステップの学習に進むにはどのような力を身に付けなければならないかを考えることができている」など、児童の成長過程を記述する。

また、「資料やデータに基づいて考えている」「学んだ知識・技能を活用して思考・表現をしている」「複数の資料や観察結果を比較して発表をしている」「対話を通して自らの考えや作品、パフォーマンスの改善点について友だちと練り上げ、豊かな表現をめざしている」「自分とは異なる多様な考えや意見も参考にしながら、資料や根拠をもとに自分の考えを論理的に形成している」「既存の資料・作品の正しさや根拠をそのまま鵜呑みにしないで、他の資料やデータも調査し批判的に検討している」「学んだことを客観的に示すだけでなく、学びの意義や価値を自分の生き方に関連付けて振り返っている」といった「深い学び」につながる記述も重要である。

③ 記入上の留意点

各教科に関する総合所見は事実に基づいて正確に記入することはもちろんであるが、「児童の学習改善につなげること」「指導改善につなげること」「児童のよい点や進歩の状況を積極的に評価し、次の指導者が継続して行えるようにすること」に留意することが重要である。そのためには、客観的に学習の様子を記録するだけでなく、日常の指導場面で目指す学習のゴールを示しルーブリック等を活用し、評価について児童自身がフィードバックを行う機会を充実させておくことも必要である。

また、繰り返し述べてきたところであるが、学習評価の妥当性や信頼性が高められるよう、各学校で組織的かつ計画的に総合所見の記述についても検討していくことが必要である。

④ 記入例

〈各教科〉

●「理由は三つあります。一つ目は〜。二つ目は〜。三つ目は〜。」と構成の工夫をし、主張と理由を明確に分けて発表することができます。

●「〜と言っていたけど」と友達の意見を述べてから自らの意見で反論をするので、建設的な意見交流をすることができました。

●社会科の意見交流をする場面で、自らの主張を国語科で学習した「問い」と「答え」の手法を使い、資料を基に根拠を示しながら説得することができました。

●調べ学習においては事実や現象の調査だけでなく、そのことからどのような主張や結論を導き出すことができるのかということをグループのメンバーに質問しながらまとめることができました。

●理科の「ふりこのきまり」の実験結果をExcelで集計すれば、結果の考察がしやすいことを提案しました。振り子の長さ、振り子のおもりの重さ、振れ幅と周期の関係をExcelでグラフにし、それぞれを比較することで「ふりこのきまり」を的確に考察することができました。

●カエルとザリガニの成長を劇にまとめ、カエルについては卵からオタマジャクシ・カエルに、ザリガニについては卵から小さなザリガニになり、脱皮をくり返して成長するという両者の成長の仕方の違いを表現することができました。

●グループ合奏の問題点を話し合い、テンポを落として拍をそろえる練習や強拍と弱拍に課題意識をもって練習することが大切だと提案し、メンバーが意欲的に練習できるようにリーダーシップを発揮しています。

●体育科の「長縄跳び」の学習で、苦手意識を感じている友達を励ましたり、具体的なアドバイスをしたり、時には背中を押して縄に入るタイミングを知らせたりしました。それにより必要以上のプレッシャーを感じることなく全員が楽しく「長縄跳び」に取り組めました。

〈外国語活動〉

●外国語活動で学習した語彙や表現などを積極的に活用しようとし、ALTに自分の発音を何度も確認し、日本語と英語の音声の違いや語順の違いなどに興味をもって繰り返し学習しています。

〈総合的な学習の時間〉

●グループで「わが街の幸福論」の発表原稿を作成する際に、「自分たちの主張や、問題意識を軸にして資料やデータを整理すると聞き手は理解しやすいのではないか」と提案し、思考を整理する道筋を示してまとめることができました。

●「安全な町づくり」で学習活動が暗礁に乗ったとき、今の計画のままで実践するのか計

画を変更した方がいいのか、新しいアイディアを募り、積極的に意見を述べ、目標達成への強い意志を感じました。

3 特別活動に関する所見について

① 設定の趣旨

今回の改訂では「人間関係の課題を見出し、解決するために話し合い、合意形成を図ったり意思決定したりする人間関係形成」「多様な他者と協働する社会参画」「自己の生き方についての考えを深める自己実現」の三つの観点を踏まえて特別活動の目標及び内容を整理し、各活動及び学校行事で育成する資質・能力を明確化している。また、キャリア教育を学校教育全体で行うことが示されている。この趣旨を踏まえて特別活動に関する所見を記述する。

② 記入の内容

学級活動、児童会活動、クラブ活動の各活動、学校行事において児童の優れた点やよさ、長所、進歩の状況を記す。特に学級活動では「キャリア形成と自己形成が新設されている」こと、児童会活動では「児童が主体的に組織をつくることや異学年交流を重視されている」こと、クラブ活動では「児童が計画を立て協力して活動することや異学年交流等を重視する」こと、学校行事では「安全・体育的行事の中で、事件、事故、自然災害から身を守る」ことが明示されている。各活動、学校行事を通して「自治的能力や主催者として積極的に社会参画する力」「多様な他者との交流や協働、安全・防災等の活動」「いじめの防止を含めた生活指導と関連させた活動」「幼児や高齢者との交流等社会に貢献する活動」「キャリア・パスポートの活用の様子等、各学校で定めたキャリア教育に関わる学習」などについて、総合所見では事実を踏まえて児童の優れた点やよさ、長所、進歩の状況を記す。

③ 記入上の留意点

総合所見には、児童の発達の段階や特性等を踏まえつつ、「目標をやりとげる力」「自律する力」「話をつなげ、友だちとつながる力」「友だちと支え合う力」「認め合い尊重し合う仲間づくりという安心を生み出す力」「きまりを守り安全な環境をつくる力」などについて事実に基づき記述する。

教科等の学習とは異なる児童のよさが特別活動では見られる。児童会活動やクラブ活動、学校行事では複数の指導者から児童一人一人の優れた点やよさ、長所、進歩について情報を集めることが重要である。

④ 記入例

●掃除について学級で話し合いをした際、寒い日でも率先して雑巾がけをしている友達の

ことを話し、雑巾がけの意義をみんなで考えるきっかけをつくっていました。

●昼の放送で流す曲を楽しむことができるようアンケートをとり、「人気のある曲ランキング」を紹介してから曲を放送するなど、全校児童の学校生活が楽しくなるよう工夫していました。

●「たてわり班活動」で最上級生として、下級生の意見を丁寧に聞き、意見が対立した時や、複数の意見が出た時には、いろいろなやり方を試してメンバーが合意できるように努力していました。

●「防災のつどい」において事前に図書館で防災関係の書籍を調べ、東日本大震災に被災した小学生の作文が載った記事を全校児童に紹介して防災意識を高めることができました。

4　行動に関する所見について

①　設定の趣旨

「行動の記録」の欄で「基本的な生活習慣」「健康・体力の向上」等10項目で評価が行われている。総合所見では、学習指導要領の前文で「社会に開かれた教育課程」の実現をめざすことが示されている趣旨を踏まえ、「持続可能な社会形成に必要な倫理観や社会貢献する力」「グローバル社会に必要なコミュニケーション力や協調性」「高度情報通信社会に必要な情報活用能力」「福祉共生社会に必要な人権意識」「プロジェクト社会で必要な企画・実践力」など21世紀の社会で求められる汎用的な能力や行動力を積極的に評価する必要がある。

②　記入の内容

各学校の教育目標も踏まえ、児童の成長の様子を記述する。「情報を効果的に使っている様子」「情報を収集し、解釈し、行動する様子」「自分の考えや学んだことを、多様な方法を用いて効果的に伝える様子」「グループで作業をする上で必要な力を身に付けている様子」「省察し、生産的な思考の習慣を身に付けている様子」など教育活動全体で特徴として表れている点や行動面で優れている点を記入する。また、次への指導に生かせるよう児童のよさや特徴が明瞭になるように記述する必要がある。

③　記入上の留意点

性格と行動を混同したり断定的な捉え方になったりしないように留意する必要がある。多面的に児童の行動を捉え、課題がある場合にも事実に即して指導の経過を記入し、児童一人一人の指導に生かすことができるようにすることが大切である。

④　記入例

●給食の喫食時食育で学習したことを思い出し、苦手な食材も残さず食べることができる

ようになってきています。

●自分の朝顔だけでなく友だちの朝顔の成長にも気を配り、水やりを忘れている朝顔があればそっと水やりをしていました。

●トラブルになったとき、相手の言い分や意見を受け止めることができるようになってきました。自らの意見も相手の意見と対比させて説明し、願いをしっかり伝えようとしています。

●決められた役割分担を硬直的に捉えないで、メンバーの得意な点を出し合い、補い合うように調整する力があります。それによりグループ内に協調する雰囲気が生まれ、和やかに学習活動が進みました。

●苦手意識のある友だちのことも考え、学級全員が楽しむことができるドッジボールのルールを工夫し、ドッジボール大会を楽しく行うことができました。

●プリントが1枚不足しているとき、自分のプリントは後ろの友達に渡し、不足分を自ら指導者の所に取りにくるというような友達を思いやる気持ちがあります。

5 児童の特徴・特技、学校内外におけるボランティア活動など社会奉仕体験活動、表彰を受けた行為や活動、学力について標準化された検査の結果等指導上参考となる諸事項の所見について

① 設定の趣旨

　学校内外の児童の成長の状況を総合的に捉えるために、この項目が設定されている。児童の特徴、特技は児童の成長の証として捉えることができる。また、児童の資質・能力の発揮は学校内の生活のみならず学校外の様々な活動の中でも発揮される。以上の理由でこの事項が設定されている。

② 記入の内容

　平成31年3月の「児童生徒の学習評価及び指導要録の改善等について（通知）」〔別紙1〕にあるように次の点について記入する。「児童の特徴・特技に関すること」「学校内外におけるボランティア活動など社会奉仕体験活動に関すること」「表彰を受けた行為や活動に関すること」「学力について標準化された検査の結果に関すること」「その他指導上参考となる事項」について記入する。

③ 記入上の留意点

　児童の特徴・特技や学校外の活動等については、今後の学習指導等を進めていく上で必要な情報を精選することが必要である。

④ 記入例

●空手の全国大会で優勝しました。

●漢字に興味があり、漢字検定3級を取得しました。

●9月に中国から編入学してきました。現在日本語習得のため通級学級に週1回通い日常

会話ができつつあります。

6 児童の成長の状況にかかわる総合的な所見について

① 設定の趣旨

　児童が、自己の存在感を実感しながら、よりよい人間関係を形成し、有意義で充実した学校生活を送っている様子や自己実現を図っている姿など、児童の成長する状況を総合的に記すために設けられている。児童が、学ぶことと自己の将来とのつながりを見通しながら社会的・職業的自立に向けて成長する様子や個別学習やグループ別学習、繰り返し学習、学習内容の習熟の程度に応じた課題学習、補充的な学習や発展的な学習により学習内容を確実に習得している様子など、児童の成長の状況に視点をあてて記述するために設定されている。

② 記入の内容

　過去の実態と比べて進歩の状況を評価する縦断的な個人内評価や子どもの得意・不得意や長所・短所を明らかにする横断的な個人内評価を記入する。学習や学校生活、行動面等成長が認められる状況を総合的に記述する。

③ 記入例

● 年度当初、友達と話し合うことに苦手意識がありグループ活動には積極的に参加していませんでしたが、分担された役割を果たすことができるようになり、少しずつ積極的にグループ活動に参加するようになってきました。

● ノートに丁寧な文字で記述することができるようになり、計算ミスが減ってきました。

● 得意なボール運動で自信をつけ、苦手だった鉄棒やマット運動にも挑戦するようになってきました。

● 言葉だけで説明するより情報端末を使ったプレゼンテーションや資料を使ったポスターセッションが得意です。

● 参考文献

西岡加名恵・石井英真・田中耕治編『新しい教育評価入門　人を育てる評価のために』有斐閣、2015年

田中博之著『アクティブ・ラーニング実践の手引き』教育開発研究所、2016年

田中博之著『アクティブ・ラーニング「深い学び」実践の手引き』教育開発研究所、2017年

東洋館出版社編集部『平成29年度版　小学校　新学習指導要領ポイント総整理』東洋館出版社、2017年

支援が必要な子どもに対する文例とアセスメント

1 指導要録や通知表への記載に配慮が必要な場合

　ここでは、様々な事情により、指導要録や通知表への記載に配慮が必要な場合の留意点や記載の工夫について述べたいと思う。

　まず、学年の途中や学期の途中に他の自治体や他国から転入があった場合である。

　指導要録については年度末1回の記載なので、通常の転出入の手続とともに前の学校での学習状況について学校間で情報交換したり、保護者の了解を得て通知表を見せてもらったりしながら、継続して指導と評価の一体化を図れば、その学年の学習状況を記載できるはずである。

　まず、年度内であれば教育課程や教科書が学校によって違うことが想定できるので、学習の配列が変わってくる。その際に最も気を付けないといけないことは、未履修の内容が発生しないように双方の学校間で情報共有したり、保護者や本人に確認したりすることが必要である。特に通知表では、前の学校の指導要録や通知表も参考にしながら、自校の目指す目標と評価規準を説明し、本人のよさを認めて安心して学習できるような所見の記述や言葉かけが必要であろう。

　また、外国からの転入で、日本語指導が必要な場合も、通級指導などに通っている場合には、担当教員からのアセスメントや具体の支援についても含めて、次の学年へと引き継いでいくことを想定し、全体の規準に従いながら個人内評価で本人の努力やよさを認めて、次の希望や意欲につないでいくことが必要である。

　次に障害がある児童への配慮が必要な場合である。特別支援学級のみならず、普通学級に在籍しながら困りを抱えている児童についても、十分な配慮を含め、指導要録や通知表に記載していくことが必要である。「学習評価に関する基本的な考え方は、障害のある児童生徒の評価についても変わるものではなく、このため、障害のある児童生徒については、特別支援学校等の助言または援助を活用しつつ、個々の児童生徒の障害の状態等に応じた指導内容や指導方法の工夫を行い、その評価を適切に行うことが必要である。また、指導要録の通級による指導に関して記載すべき事項が個別の指導計画に記載されている場合には、その写しをもって指導要録への記入に替えることも可能とする」とされている[1]。

●注
1　文部科学省・国立教育政策研究所教育課程研究センター「学習評価の在り方ハンドブック」2019年6月

2 転入があった場合

〈他の自治体からの転入の例〉

●転校してきて新しい友達もたくさんできました。以前の学校でも活躍していたあなたらしさが新しいクラスでも発揮できてよかったと思います。これからも、みんなと仲良く過ごせるように応援しています。国語の学習では、読書好きで本から学んだいろいろな言葉や表現を使って、文章に書き表す力につながっています。クラスのみんなにもいろいろな本を紹介してあげてください。

〈他国からの転入で日本語指導が必要な場合の例〉

●日本に来て慣れないこともたくさんあったと思いますが、毎日元気に登校し、少しずつ日本語を覚えて、友達と会話したり授業に参加したりできるようになってきました。通級教室の先生にも、努力している様子を聞いています。ふだんの生活の中で、覚えた日本語をどんどん使って自分の考えを話したり、文字に書き表していくことで人とコミュニケーションをとったりできるようになると、どんどん世界が広がっていきます。困ったときには、友達でも先生でもどんどん遠慮せずに声をかけてみてください。きっとみんなが助けて応援してくれますよ。

3 障害がある児童の場合

〈学習面に困難がある場合（学習障害ＬＤの傾向など）〉

●はじめは、お手本の上からなぞり書きをして練習しましたが、今はお手本を見てマスの中にかけるカナ文字が増えてきました。線からはみだしたり、うまくなぞれなかったりしたときも、あきらめずに、粘り強く書き直す様子も見られました。

●漢字絵カードから漢字の形をイメージして漢字を覚えて書くようになりました。形や絵を手がかりにした学習が得意なことに自分で気づき、この方法で挑戦できる見通しがもてたことは自信につながることでしょう。

●作文は苦手でしたが、内容を思い出してカードに書いたり、カードを並べたりして文を作ることができるようになりました。これからもこの方法でチャレンジしてみましょう。

●一字ずつ指で追って読むことから、文としてすらすら読めるようになりました。大きな進歩に驚いています。

●時間的な手がかりや様子を表す絵カードなどを使って出来事を順序立てて話せるようになっています。特におうちの中での出来事や家族と一緒に出かけたことなどよく覚えて詳しく話をすることができました。

●計算の手順を自分でカードにして工夫して計算できるようになりました。間違いも少なくなり、注意深く計算できるようになりました。

●算数の文章題で数字や大事な言葉に自分で線を引いたり、ヒントの絵を見て問題の場面をつかんだりして式が立てられるようになりました。

●空間をイメージするのが苦手でしたが、積み木の組み立て練習で辺や面の関係をとてもよく理解できるようになりました。

●指示の通りに体を動かすことが苦手でしたが、身に付けた運動に的をしぼったゲームなどを続けて、動きがすばやくなってきました。体育の時間の表情もよくなり友達との遊びも活発になってきました。

●体育の授業スケジュールを事前に確認したり、休憩を取り入れたりすることで、体育の授業の最後まで取り組めるようになりました。

●係の仕事を、やる順番や内容ごとにカードにして確認するようになってから、毎日忘れずにできるようになりました。視覚化することがとても有効ということがわかりました。この方法でいろいろな場面でも工夫していきたいと思います。

〈行動面に困難がある場合（注意欠損・多動性障害ＡＤＨＤの傾向など）〉

●いろいろなことに気が散ってなかなか集中できなかったのが、机の配置や空間の工夫で落ち着いて学習できるようになりました。最近は、気になることがあっても、担任の方を確認してサインに基づいて行動できるようになっています。

●友達とけんかになってしまったり、自分の言いたいことがうまく伝わらずに困っていたときもありましたが、困ったことを図や絵に表して一緒に考えるようにして続けてきた結果、原因を整理したり、友達と話し合えるようになってきました。

●１時間の学習内容を一緒に相談して、目標を立て取り組んでいます。最初は５分から始めてみましたが、最近は時間の半分以上集中して取り組めるようになりました。これからも一緒に工夫しながら進めていきたいと思います。

●片付けが苦手でしたが、本や道具を色分けしたラベルを貼ってから上手に整理できるようになりました。授業後、使ったノートや教科書は決めた場所にしまうようにしたので机の中も上手に整理できて、授業準備もしっかりできるようになりました。

〈対人面に困難がある場合（高機能自閉症の傾向など）〉

●友達の表情の変化に気付いて、自分の振り返りができるようになってきています。場面や相手の感じている様子を予想できるようにもなってきたので、友達ともスムーズに会話できるようになってきました。

●初めての場面などで緊張することが多かったのですが、リラックスする方法を考えて、深呼吸をしたり心の中で落ち着くように唱えるなどするコツを見つけて、最近では大勢の前で落ち着いて発表したり、自分からすすんで初めてのことにもやってみようという

様子が見られるようになりました。

●話の筋道を考えたり、「いつ」「どこで」のようなポイントを決めて話す練習を積んできたところ、まとまって話ができたり、違う話題に飛んでしまうことも少なくなりました。

●自分から話しかけたり、謝ったりするのは苦手でしたが、大好きな本の紹介をきっかけにいろいろな人に話しかけたりする様子も見られました。自信をもってすすんで、自分からコミュニケーションがとれるように応援していきたいと思います。

●みんなと仲良く力を合わせたいと思っている○○さんですが、体育のリレーや家庭科の調理実習の場面で具体的に協力する内容を決めて取り組んだところ、見事にその責任を果たして、グループで協力する楽しさを味わうことができました。いろいろな場面を通して学ばせたいと思います。

●自分の意見が通らないときにどうしたらよいか困っていましたが、合言葉の「仕方がない」やがまんのポーズでがんばってみたところ、ずいぶん気持ちの切り替えができるようになりました。

●困ったときやどうしたらよいかわからないときに、自分から困りを人に伝えることができなかったのですが、担任の先生以外にもお助けカードが見せられるようになりました。少しずつ自分で解決しようとしています。校内の先生方もみんな、よく理解しているので大丈夫です。また、友達が困っていることに気付いて手伝えるような姿も見られるようになりました。成長の様子がよく見られます。

●事前に予定の変更を確かめることで、混乱が少なくなり、学校生活をスムーズに過ごすようになりました。

〈通級や個別指導を受けている場合〉

●ことばの教室の先生から、ものの名前と文字が結びついてきていると教えてもらいました。教室でも、身近な単語の書き取りをしてみたら、いろいろな言葉が書けるようになっていて驚いています。ことばの教室でのがんばりが成果に結びついていますね。これからも連携して学習を進めていきたいと思います。

●友達と話をするときに距離感がなかなかとれず、通級指導教室で、いろいろな場面を想定したソーシャルスキルを教えてもらったおかげで、最近はとても自然な感じで話をすることができるようになりました。

●仲間に入る言葉かけがうまくできるようになったと通級教室の先生と一緒に喜んでいます。休み時間の友達への言葉かけも、何度も練習した成果があって、うまく関係が作れるようになってきています。

●少人数学習では、苦手な作文や漢字の練習にも取り組めるようになりました。特に作文では「が」や「に」の助詞の使い方の理解が深まりました。

4 アセスメントのポイントと留意点

ここでは、主に日本語指導が必要な子［外国人児童等］と発達障害をもつ子に焦点を当てて述べることにする。

① 日本語指導が必要な子[外国人児童等]へのアセスメント

日本語指導が必要な外国人児童や日本国籍をもつ日本語が必要な児童生徒は年々増加している。これらの日本語指導が必要な子どもたちは、日常会話が十分にできない児童だけでなく、日常会話ができても学年相当の学習言語能力が不足し、学習活動への参加に支障が生じている児童が多数含まれる。

ここでは、日本語指導の目安となる日本語能力をどのように把握するかが大きな課題であり、その測定については、各地域で工夫されている。そのような中、文部科学省では平成26年1月に「外国人児童生徒のためのJSL対話型アセスメントDLA」という冊子を作成している。児童の日本語能力を把握するだけでなく、その後の指導方針を検討する際の参考として活用されたい。その中の一部を紹介しておく。

ア 「対話型アセスメント（DLA)」のねらい

・「DLA」は、基本的には、日常会話はできるが、教科学習に困難を感じている児童を対象としている。

・子どもたちの言語能力を把握すると同時に、どのような学習支援が必要であるか、教科学習支援のあり方を検討するための「DLA」をめざす。

イ 「対話型アセスメント（DLA)」の特徴

・「DLA」は、いわゆる従来型の紙筆テストや集団テストとは異なっている。

・子どもたちの母語、年齢、入国年齢、滞在年数（四大要因）によって影響を受ける言語運用力や思考力、学びの方法等が多様であるために、これまでの画一的なテストでは、子どもたちの本来の力を引き出すには限界があった。

・「DLA」は、テストから得られる結果を序列化するためのものではなく、むしろ、テストの実施過程そのものを、学びの機会として捉えるところに特徴がある。

・さらに、一番早く伸びる会話力を使って、紙筆テストでは決して現れることのない、潜在的な力を引き出すことが可能である。

・そのために、「DLA」の活用方法は「対話型」を基本とする。それは、指導者が子どもたちに向き合う大切な機会（対話重視）であると考えるからである。

・指導者と子どもたちが一対一で向き合うことで、日頃の学習の成果を、そして今後の支援活動で必要となる学習内容や学習領域を絞り込んでいく上で必要な情報が得られるようにすることが重要である。

ウ 「DLA」と日本語能力の判定方法

・外国人児童生徒の日本語能力の判定においては、日頃の観察や指導を通しての反応からある程度推測したり、把握したりすることが可能である。しかし、指導者個々人の主観的な判断によることが多く、子どものレベルを具体的に示すとなると共通の尺度で評価する必要がある。

・「DLA」では、子どものパフォーマンス（言語行動、言語運用能力）を評価の対象にしているため、パフォーマンスのレベルを判定するための評価尺度を参照とする。一般的にパフォーマンスの判定には、２つの評価尺度（包括的尺度と分析的尺度）を使って判定する方法がある。

② 発達障害をもつ子へのアセスメント

ア 教師や保護者の気付きがスタート

個別の指導計画の作成に当たっては、まず、学校や保護者が、個別の指導計画を作成して支援をしていこうという共通理解が必要となる。そのためのスタートとなるのが、担任教師や保護者の気付きである。

「学習面や行動面で気になることがある」「個別にいろいろな配慮が必要だ」といった教師の気付き、あるいは、保護者から担任やコーディネーターへの相談がある、といった働き掛けが個別の支援への第一歩になる。また、チェックリスト等を用いて学校で個別支援の必要性に関する実態調査を行うことにより、特別な支援の必要性が明らかになる場合もある。

イ 実態把握

対象の児童を理解するためいろいろな角度から情報を集めて整理する。特に、本人や保護者の願いの把握は大切にしたい。本人の願いに関しては、児童から直接、困り事や思いなどを聞ける場合がある。

このほか、その子どものよさや得意な面といった情報も、長期的な視野に立って支援を行っていく場合にとても大切な情報となる。このような「願い」や「よさ」を含めて、児童の支援を考える上で必要な情報を整理することが大切である。

以下、「実態把握のチェックポイント」を示す。これらの点をチェックして実態把握を行ったり、個別の指導計画の様式を検討したりしてみるのもよい。

実態把握のためのチェックポイント
- ●児童本人や家族のニーズを把握できているか。
- ●児童がつまずいている事柄や課題を把握できているか。
- ●児童がどこまで学習内容など習得しているかを把握できているか。
- ●児童の得意な面（力）を把握できているか。
- ●児童がつまずいている要因を把握できているか。　等

小 学 校 児 童 指 導 要 録 （参 考 様 式）

様式1（学籍に関する記録）

区分＼学年	1	2	3	4	5	6
学　級						
整理番号						

学 籍 の 記 録

	ふりがな		性別	入学・編入学等	年　月　日　第1学年　入学 第　学年編入学
児童	氏　名				
	生年月日	年　月　日生		転　入　学	年　月　日　第　学年転入学
	現住所				
保護者	ふりがな			転学・退学等	（　　年　　月　　日） 　年　　月　　日
	氏　名				
	現住所			卒　業	年　　月　　日
入学前の経歴				進　学　先	

学 校 名 及 び 所 在 地 (分校名・所在地等)	

年　度	年度	年度	年度
区分＼学年	1	2	3
校長氏名印			
学級担任者 氏 名 印			

年　度	年度	年度	年度
区分＼学年	4	5	6
校長氏名印			
学級担任者 氏 名 印			

様式2（指導に関する記録）

児 童 氏 名		学 校 名	区分\学年	1	2	3	4	5	6
			学 級						
			整理番号						

各 教 科 の 学 習 の 記 録

教科	観 点 \ 学 年	1	2	3	4	5	6
国語	知識・技能						
	思考・判断・表現						
	主体的に学習に取り組む態度						
	評定						
社会	知識・技能						
	思考・判断・表現						
	主体的に学習に取り組む態度						
	評定						
算数	知識・技能						
	思考・判断・表現						
	主体的に学習に取り組む態度						
	評定						
理科	知識・技能						
	思考・判断・表現						
	主体的に学習に取り組む態度						
	評定						
生活	知識・技能						
	思考・判断・表現						
	主体的に学習に取り組む態度						
	評定						
音楽	知識・技能						
	思考・判断・表現						
	主体的に学習に取り組む態度						
	評定						
図画工作	知識・技能						
	思考・判断・表現						
	主体的に学習に取り組む態度						
	評定						
家庭	知識・技能						
	思考・判断・表現						
	主体的に学習に取り組む態度						
	評定						
体育	知識・技能						
	思考・判断・表現						
	主体的に学習に取り組む態度						
	評定						
外国語	知識・技能						
	思考・判断・表現						
	主体的に学習に取り組む態度						
	評定						

特 別 の 教 科 道 徳

学年	学習状況及び道徳性に係る成長の様子
1	
2	
3	
4	
5	
6	

外 国 語 活 動 の 記 録

学年	知識・技能	思考・判断・表現	主体的に学習に取り組む態度
3			
4			

総 合 的 な 学 習 の 時 間 の 記 録

学年	学 習 活 動	観 点	評 価
3			
4			
5			
6			

特 別 活 動 の 記 録

内 容	観 点 \ 学 年	1	2	3	4	5	6
学級活動							
児童会活動							
クラブ活動							
学校行事							

児 童 氏 名

行　動　の　記　録														
項　目　　　　学　年	1	2	3	4	5	6	項　目　　　　学　年	1	2	3	4	5	6	
基本的な生活習慣							思いやり・協力							
健康・体力の向上							生命尊重・自然愛護							
自主・自律							勤労・奉仕							
責任感							公正・公平							
創意工夫							公共心・公徳心							

総　合　所　見　及　び　指　導　上　参　考　と　な　る　諸　事　項

第1学年		第4学年	
第2学年		第5学年	
第3学年		第6学年	

出　欠　の　記　録

区分　学年	授業日数	出席停止・忌引等の日数	出席しなければならない日数	欠席日数	出席日数	備　考
1						
2						
3						
4						
5						
6						

執筆者一覧

●シリーズ編集代表

田 中 耕 治（佛教大学教授／京都大学名誉教授）

●編著者

岸 田 蘭 子（京都市立高倉小学校校長）

●執筆者

岸 田 蘭 子（前掲）………………………………………………… 第1章

河 佐 英 俊（京都ノートルダム女子大学准教授）………………… 第2章

藤 本 鈴 香（京都市立御所東小学校校長）………………………… 第3章　国語

河 田 祥 司（高松市総合教育センター指導主事）………………… 第3章　社会

指 熊 　 衛（兵庫教育大学附属小学校教諭）……………………… 第3章　算数

橘 慎 二 郎（香川大学教育学部附属高松小学校教諭）…………… 第3章　理科

齋 藤 　 淳（福岡教育大学附属福岡小学校教諭）………………… 第3章　生活

國 重 初 美（京都市立西院小学校校長）………………………… 第3章　音楽

毎 床 栄 一 郎（熊本大学教育学部附属小学校教諭）……………… 第3章　図画工作

岸 田 蘭 子（前掲）………………………………………………… 第3章　家庭

平 塚 修 一 郎（京都市立御所南小学校校長）……………………… 第3章　体育

矢 野 智 子（京都市立朱雀第二小学校校長）…………………… 第3章　外国語

若 松 秀 一（京都市総合教育センターカリキュラム

　　　　　　開発支援センター専門主事）……………… 第3章　特別の教科　道徳

矢 野 智 子（前掲）………………………………………………… 第3章　外国語活動

齋 藤 　 淳（前掲）………………………………………………… 第3章　総合的な学習の時間

矢 田 明 彦（佛教大学教職支援センター非常勤講師）…………… 第3章　特別活動の記録

猿 渡 徳 幸（熊本大学教育学部附属小学校副校長）……………… 第3章　行動の記録

銭 本 三 千 宏（大阪市立本田小学校校長）……………………… 第3章　総合所見及び指導上参考

　　　　　　　　　　　　　　　　　　　　　　　　　　　　となる諸事項

岸 田 蘭 子（前掲）………………………………………………… 第3章　支援が必要な子どもに

河 佐 英 俊（前掲）　　　　　　　　　　　　　　　　　　　　　対する文例とアセスメント

（職名は執筆時現在）

●シリーズ編集代表

田中耕治（たなか・こうじ）
1980年京都大学大学院教育学研究科博士後期課程満期退学。大阪経済大学講師、助教授、兵庫教育大学助教授を経て京都大学大学院教授、2017年より佛教大学教授。専門は教育方法学、教育評価論。編著書に『教育評価』（岩波書店）、『教育評価の未来を拓く』『よくわかる教育評価』『戦後日本教育方法論史（上下巻）』（ミネルヴァ書房）など多数。

2019年改訂指導要録対応

シリーズ **学びを変える新しい学習評価**

文例編 **新しい学びに向けた**
新指導要録・通知表〈小学校〉

令和2年1月1日　第1刷発行
令和2年3月20日　第3刷発行

編集代表　**田中耕治**
編　　著　**岸田蘭子**
発　　行　株式会社**ぎょうせい**

〒136-8575　東京都江東区新木場1-18-11
電話番号 編集　03-6892-6508
　　　　　営業　03-6892-6666
フリーコール　0120-953-431
URL：https://gyosei.jp

〈検印省略〉
印刷　ぎょうせいデジタル株式会社
乱丁・落丁本はお取り替えいたします。
©2020　Printed in Japan　禁無断転載・複製
ISBN978-4-324-10730-0（3100544-01-004）〔略号：学習評価2019（文例小）〕

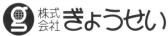